이만하면 잘했지요?

이만하면 잘했지요?

발행일	2016년 5월 27일
지은이	전 병 호
펴낸이	전 병 호
펴낸곳	도서출판 바락

출판등록	25100-2016-000018
주소	서울시 노원구 동일로 237 다길19(상계동)
전화번호	010-2655-0591 팩스 02-2234-1408

ISBN   979-11-958042-0-7 03230(종이책)   979-11-958042-4-4 05230(전자책)

이 도서의 국립중앙도서관 출판예정도서목록(CIP)은 서지정보유통지원시스템 홈페이지(http://seoji.nl.go.kr)와
국가자료공동목록시스템(http://www.nl.go.kr/kolisnet)에서 이용하실 수 있습니다.
(CIP제어번호 : CIP2016013038)

이만하면
잘했지요?

전병호 지음

당신은 생의 마지막 진실의 순간에
무슨 말을 남길 것인가!

도서
출판 바락

들어가는 글

　몇 년 전 장안의 화제였던 영화 '국제시장'을 보며 많은 감명을 받았습니다.

　전쟁 중 흥남철수 때 배를 타고 남쪽으로 피난해 내려오려다 아버지와 막냇동생을 잃어버리고 부산에 내려와 어린 나이에 가장으로서 독일 광부, 월남전 등 갖은 고생을 다하고 나이 75세 노인이 되어 돌아가신 아버지에게 내뱉는 마지막 대사가 절절합니다.

　"아버지 내 약속 잘 지켰지예, 이만하면 내 잘 살았지예, 근데 내 진짜 힘들었거든예."

　저는 이 장면이 이 땅에서 인생을 마치고 하늘나라에 올라가서 하나님을 뵙고 품에 안겨 외치고 싶은 저의 고백이고 싶습니다.

천국을 향해가는 순례자의 여정은 마냥 아름답지만은 않습니다.

인생은 좁은 길이요, 광야요, 골짜기 같은 괴로움과 어려움을 겪어야 하기 때문입니다.

문제는 천국에 이르기 전에 다가오는 수많은 고난 앞에 천국 시민의 멋진 모습을 보여주지 못한 채 좌절하며 살아가는 인생입니다.

행복하길 바라면서 여전히 흐르는 눈물과 쓴 탄식, 여유롭기를 바라면서 풍족하지 못한 물질의 결핍으로 인한 허덕임, 건강하고 싶은데 질병으로 인한 허약함, 웃고 싶은데 우울한 현실, 사람들에게 잘하고 싶은데 여전히 굳어있는 내 얼굴, 친절하고 관대한 사람이고 싶은데 까탈스럽고 속이 좁은 내 모습, 여유롭고 사랑받고 싶은데 늘 조급하고 이기적인 나의 삶을 보면서 천국은 잊고 이 세상에서 아등바등하는 별로 닮고 싶지 않은 한 종교인으로 낙인 받을까 걱정입니다.

주어진 현실을 들여다보면 혹독한 노동과 마음의 상함, 질병과 인간관계의 상처, 불안과 염려, 경쟁심으로 인해 인생은 힘에 겹습니다.

그러나 한편 곰곰이 생각해보면 인생은 누구나에게 고난이요 슬픔이지만 소망이 없는 사람에겐 인생이 출구 없는 동굴이지만 소망이 있는 자에게는 출구가 마련된 터널입니다.

본향이라는 목적지가 있기에 고난과 슬픔의 인생 터널은 곧 끝이 납니다.

힘에 겨운 그 터널을 지나면서 소망을 품고 기쁨으로 뚜벅뚜벅 나아갑시다.

소망의 최종목적지에 다다를 때까지 포기하지 말고 주님 주신 말씀을 지킵시다.

지금 이 순간에도 인생의 터널을 지나면서 고난과 슬픔으로 가슴에 쓴 비가 내리는 분들에게 하나님이 주신 위로와 격려의 약속을 함께 나누고 싶습니다.

그래서 본향에 도착했을 때 하나님 아버지를 만나 뵙고 이렇게 외칩시다.

"아버지 하나님, 부족하지만 최선을 다해 제가 약속을 지켰지요, 이만하면 잘했지요, 저 정말 힘들었거든요, 아버지."

PART 3
기적

PART 1

삶

PART 1

삶

1장

창의적인 노동

성경을 처음 펼치면 하나님은 어떤 모습으로 우리에게 다가올까요?

창세기 1장은 천지를 창조하시는 하나님으로 등장하십니다.

곧 일하시는 하나님임을 알려줍니다.

성경에서는 하나님이 쉬지 않고 일하시는 하나님이시오, 졸지도 주무시지도 않는 하나님이시오, 성자 예수님도 아버지가 이제까지 일하시니 당신도 일하신다고 하십니다.

성령 하나님도 늘 우리와 교통하시며 일하십니다.

노동은 신성합니다.

하나님은 일하지 않는 사람을 싫어하십니다.

'악하고 게으른 종'(마 25:26)에서 보듯이 악한 종은 게으른 종입니다.

"누구든지 일하기 싫어하거든 먹지도 말게 하라"(살후 3:10)

"게으른 자여 개미에게 가서 그가 하는 것을 보고 지혜를 얻으라"(잠 6:6)

다만 아담의 원죄 이후 땅이 저주를 받아 노동 속에 고통이 따르게 되는 형벌을 받습니다.

이 땅에 사는 동안 우리는 노동의 고통에서 벗어날 수는 없습니다.

다만 천국에 가면 고통은 사라지지만 여전히 노동은 존재합니다.

천국에서의 삶을 우리가 지금 다 알 수는 없지만 새로운 육신을 입게 되고 여전히 예배와 찬양이 끊임없이 이어지듯이 각자 해야 할 일이 있습니다.

그렇다면 노동에 대한 우리의 생각을 재정립해야 합니다.

고통 때문에 노동을 피해서는 안 되기에 피할 수 없다면 즐겁게 노동에 임해야 합니다.

영어에는 노동을 의미하는 단어가 labour와 work가 있습니다.

labour는 살아가기 위해 어쩔 수 없이 해야 하는 고통스러운 노동을 의미하지만, work는 비록 힘들고 고통스러운 일이지만 자기가 좋아서 즐거운 대로 일을 하는 것입니다.

작가가 글을 쓸 때 돈을 벌기 위한 생계형 수단으로 한다면 labour가 되지만 자신이 좋아해서 즐겁게 창작의 고통을 달게 여기면서 한다면 work입니다.

'예배'라는 단어의 어원을 살펴보면 히브리어 '아바드'인 것을 알 수 있습니다.

'아바드'는 '일하다, 노동하다, 섬기다'라는 뜻입니다.

헬라어로 예배는 '라트레이아'로 번역되는데 '노예가 섬기다, 일하다'는 뜻입니다.

영어로는 예배가 'service'인데 '손님에게 음식을 제공하다, 시중을 들다'라는 의미입니다.

'집사'라는 단어도 헬라어로 '디아코노스'인데 '하인, 종'을 의미합니다.

한마디로 예배는 노동이며 일인 것입니다.

우리는 예배를 고통스러운 일로 여깁니까? 즐거운 일로 여깁니까?

예배는 work가 되어야지 labour가 되어서는 안 됩니다.

그러나 사람은 일이 권태스럽게 될 때 즐거움은 사라지고 형식만 남으며 귀찮은 의식이 될 수도 있습니다.

그래서 노동은 신선해야 합니다.

다람쥐 쳇바퀴 돌리듯이 기계적이고 반복적인 위선의 예배가 되지 않으려면 매번 새로워야 합니다.

신선한 노동이 되려면 성령님이 주시는 창의성이 담보되어야 합니다.

창의적인 노동으로서의 예배를 모범적으로 보여주는 성경의 인물이 다윗입니다.

성막 시대를 접고 새로운 성전 시대를 연 사람이 다윗입니다.

다윗 이전 약 500년 전에 하나님은 모세를 통해 성막을 짓게 합니다.

이동할 수 있는 텐트 형태로 만들어 레위인들이 섬기도록 명령하셨습니다.

그러나 500여 년이 흐르면서 유대인의 성막 예배는 형식적으로 흘러갔고 미지근한 종교의식으로 변질되고 맙니다.

하나님을 사모하여 하나님이 계신 집을 짓겠다고 선언한 이후 다윗은 모든 일을 성전 건축에 초점을 맞춥니다.

이동식 성막을 고정식 벽돌로, 소박한 장막 모습을 화려한 건물로 바꾸고, 이전에 없었던 레위지파의 새로운 조직을 단행합니다.

성전 일을 보살피는 자 이외에도 관원과 재판관으로, 성가대로, 문지기로 레위지파를 개편합니다(대상 23장).

원래 성막 건축을 지시하셨던 하나님의 의도와는 전면 배치되는 것이지만 하나님은 다윗의 하나님을 공경하고 사랑하는 마음을 아시고 성전 건축을 허락하십니다.

다윗과 솔로몬을 지나면서 새로운 형식의 성전 예배는 이전 성막 시대와는 다른 신선한 예배가 됩니다.

예배의 경외심과 거룩함을 유지하면서도 새로운 변화를 통해 유대인들의 예배에 대한 경외심과 즐거움을 일으킨 것입니다.

그야말로 다윗의 창의적인 발상이 예배에 신선한 변화를 가져온 것입니다.

성전시대 이후 예루살렘 멸망 후 포로로 끌려간 타지에서 예배를 살리려는 마음이 회당 제도라는 새로운 형태로 나타나 율법교육과 신앙의 전통을 잇는 역할을 감당했습니다.

특히 회당의 특징은 누구나 적절하다고 인정받으면 설교할 수 있었기에 예수님도 회당에서 설교를 통해 복음을 전하셨고 바울과 바나바도 이방 나라의 회당을 전도의 장으로 삼았습니다.

이후 예수님의 제자들이 핍박받는 가운데서도 새로운 가정교회의 모습으로 초대교회가 세워지고 성만찬과 세례식이라는 새로운 의식도 생겨납니다.

교인의 숫자가 늘면서 구제사역을 담당하기 위해 집사라는 새로운 조직이 초대교회에 생겨났고 이후 감독, 목사, 교사의 조직도 갖추어집니다.

초대교회가 수백 년 동안의 박해를 이겨내고 공인 국교가 되어 천 년 가까이 지나오는 동안 천주교의 교황권을 둘러싼 권력다툼과 신부들의 타락 등이 맞물리면서 마틴 루터를 비롯한 종교개혁이 일어나 개신교라는 새로운 교회가 탄생하면서 예배의 형태는 설교중심의 예배라는 또 다른 변화를 가져왔고 그 형식이 오늘날까지 이르고 있습니다.

현대교회는 찬양과 경배라는 예배의 형태가 자리 잡기도 했습니다.

교회는 날마다 개혁되어야 하고 예배는 신선해야 합니다.

역사는 하나님이 사용하시는 창의적인 사람에 의해 변화

를 가져옵니다.

창의성은 기존의 생각에 고착되거나 매몰되지 않고 어떻게 하면 더욱 하나님을 사랑할 수 있을까를 생각하며 하나님의 지혜를 구할 때 드러납니다.

'창의력에 미쳐라'에서 김광희 교수는 현대는 창의적인 사람만이 성공할 수 있다면서 어릴 때부터 창의력을 키우는 학습이 필요함을 역설합니다.

'한국인의 의식구조' 시리즈로 유명한 이규태씨는 미국 경영학의 '전파론'을 소개하면서 인간은 4종류로 나뉠 수 있다고 합니다.

제1종 인간은 항상 새로운 것을 만들어 내고 변화를 즐기는 창의적인 유형의 인간으로서 전체 인구의 5% 미만으로 극소수이며,

제2종 인간은 남들에게 주목의 대상이 되고 남들이 따를 만한 가치가 있다고 인정하는 그런 변화만을 추구하는 종류로서 오피니언 리더(opinion leader)라고도 일컬어지며 전체 인구의 20%를 차지하고,

제3종 인간은 새로운 것을 대체로 싫어하는 인간형으로 시간이 지나서 남들이 하니까 따라 하는 전형적인 추종자(follower)로서 전체 인구의 70%를 차지하며,

제4종 인간은 전통주의자로서 변화를 거부하며 시대에 뒤진 보수주의자로서 전체인구의 5% 미만을 차지한다고 합니다.

성도는 제1종 인간이 되어야 합니다.

위험이 도사리지만 모험과 도전, 개성을 가지고 새로운 일을 즐겨야 합니다.

김위찬 교수는 '블루오션 전략'에서 앞으로 시장경제에서 앞서가려면 새로운 시장공간을 창출해야 한다고 합니다.

'레드오션'은 오늘날 존재하는 모든 산업을 뜻하며 이미 세상에 알려진 시장 공간이어서 치열한 제 살 뜯어 먹기의 경쟁이 있는 시장이지만,

'블루오션'은 현재 존재하지 않는 모든 산업을 나타내며 아직 우리가 모르는 시장 공간을 말합니다.

바로 창조적인 경영전략이라고 말할 수 있습니다.

그전에 없었던 새로운 것을 시도해야 무한경쟁의 시대에 살아남을 수 있다는 것입니다.

이면우 교수도 '숫처녀 이론'을 내세우며 치열한 경쟁사회에서는 남이 손대지 않은 사업을 제일 먼저 찾아내고 제일 빨

리 만들어 내는 신규 사업, 신규 분야를 창출해 내야 한다고 주장합니다.

노동은 신성합니다.

그리고 노동은 즐거워야 합니다.

동시에 노동은 신선해야 합니다.

창의적인 노동은 예배에서부터 시작해야 합니다.

어떻게 하면 우리의 예배가 거룩성을 잃지 않으면서도 새롭게 드릴 수 있을까 고민하며 예배위원, 안내위원, 성가대, 주일학교, 교회봉사, 전도, 예배를 새롭고도 신선하게 개혁하는 창의적인 교회가 되기를 원합니다.

자신이 매주 드리는 예배가 살아 움직이는 생생한 예배가 되려면 살아 계신 하나님께 드리는 살아 있는 예배가 되어야 합니다.

설교자 또한 창의적인 설교를 준비해야 합니다.

설교를 들으면 졸고 딴짓하는 성도를 만드는 것은 설교자의 게으름이요 창의력의 부재입니다.

성도들도 교회 생활뿐만 아니라 직장생활과 사업에도 창의력을 발휘해야 합니다.

단지 불경기만 탓할 것이 아니라 늘 새롭게 구상하고 창의적인 연구를 지속하여 블루오션의 바다를 헤엄쳐야 합니다.

가정주부도 가정의 가사를 더욱 새롭게 즐거운 노동이 되도록 지혜를 사용합시다.

온 가족의 휴식터요 재충전의 공간인 가정을 어떻게 하면 새롭고 재미있는 가정으로 탈바꿈할 수 있는지 가정주부의 독특한 노동이 연출되어야 합니다.

노동은 하나님의 거룩한 명령입니다.

동시에 노동은 고통스러운 땀의 과정이기도 합니다.

그러나 즐거운 노동으로 승화시키기 위한 창의적인 발상은 우리의 몫입니다.

신성하게 그러면서도 신선하게 말입니다.

저 천국과 이 천국

두 가지의 극단적인 천국관이 있습니다.

하나는 현세적인 천국관입니다.

유대인의 메시야 사상이 여기에 속하는데 이 땅에 다윗 왕 같은 메시야가 나타나서 주변의 모든 국가들을 물리치고 현실적인 천국을 건설하여 잘 먹고 잘 사는 것이 목표입니다.

이 세상에서 권력과 부, 명예와 건강을 취하는 현실적이고 기복적인 세상의 삶을 꿈꾸는 것입니다.

둘째는 내세적인 천국관입니다.

천국은 죽음 이후에 가는 장소로서 이 땅은 죄와 악이 넘치는 지옥이므로 의미를 두지 않습니다.

'죄 많은 이 세상은 내 집 아니네' 같은 복음성가의 가사처럼 이 세상을 빨리 벗어나서 죽음 이후 낙원에 입성하는 것이 목표입니다.

죽음 이후에 가는 장소로서의 천국을 꿈꾸기에 종말론적인 천국관입니다.

성경에서는 천국을 어떻게 묘사할까요?

성경에서 말하는 천국은 이중적입니다.

현세적이면서 내세적이고, 현실적이면서 종말적입니다.

"그의 천국에 들어가도록 구원하시리니"(딤후 4:18)처럼 죽음 이후에 가는 장소로서의 천국을 말하기도 하지만,

"하나님의 나라는 너희 안에 있느니라"(눅 17:21)처럼 이 땅에서 맛볼 수 있는 현세적인 천국이기도 합니다.

성경에서 천국은 현재와 미래가 연결되어 있습니다.

여전히 죄와 악과 고통이 난무하는 이 세상에서도 천국의 그림자를 보여주는 삶을 살아야 하지만 동시에 우리의 본향은 최종적으로 저 천국에 목적을 두고 나그네와 같은 삶을 살아야 하기도 합니다.

폴 마샬은 '천국만이 내 집은 아닙니다'에서 영원한 본향인 저 천국만이 우리가 살아야 할 장소가 아니라 이 세상도 비록 창조 이후 타락했지만 여전히 하나님의 창조세계이고 새

하늘과 새 땅으로 회복될 장소이므로 이 세상에서 책임 있는 삶이 중요하다고 역설합니다.

영적인 저 천국만이 아니라 실존적인 삶으로서의 이 천국도 중요하다는 것입니다.

그러므로 이 세상 어디든 내가 거하는 곳이 천국입니다.

내가 드리는 예배뿐 아니라 일하는 장소, 잠자는 침실, 설거지하는 부엌, 심지어 쉼을 얻기 위한 여가조차도 천국입니다.

하나님은 "하늘의 하나님, 땅의 하나님 여호와"(창 24:3)이십니다.

하나님은 영혼과 육신, 영적인 영역과 물리적 영역, 물질과 비물질의 하나님이십니다.

언제부터인가 하나님은 하늘에 계시고 땅은 사람이 주관한다는 이신론적 사상이 하나님을 축소 시켰습니다.

하나님은 천지의 대주재시고, 만주의 주이십니다.

하늘과 땅 어느 것도 하나님의 것이 아닌 것이 없습니다.

이신론적인 사상은 마귀의 전략전술입니다.

사탄은 영과 육, 교회와 직장, 예배와 삶, 신앙과 과학, 초자연과 자연을 이분적으로 나누어 영혼, 교회, 초자연, 신앙은 하나님의 영역으로 인정하면서 육신, 직장, 물질, 과학은 인간의 영역인 것처럼 부추깁니다.

마치 땅과 하늘을 분리하듯이 세상과 천국을 분리하여 세상에서는 내 멋대로 마음껏 살아도 되는 것처럼 이간질 합니다.

하나님이 모든 것의 주인이십니다.

그렇기 때문에 이 천국인 땅에서의 삶에서도 하나님의 통치를 받으며 하나님의 나라를 확장해 가고 하나님의 나라의 백성으로 살아야 할 의무와 책임이 있습니다.

내가 믿는 하나님을 이 세상 삶 속에서 증명하는 증인이 되어야 합니다.

예수님을 만나면 평안과 기쁨이 넘치고, 사랑이 풍성하고, 용서와 관용과 친절이 넘치는 천국의 태도와 삶을 보여주어야 합니다.

불신자들에게 천국의 시민은 직장생활을 어떻게 하며, 가정생활은 어떻게 하며, 대인관계는 어떻게 하는지를 모범적으로 증명해야 합니다.

성 어거스틴이 젊은 시절의 방탕함과 불신앙에서 벗어나게 된 것은 어머니 모니카의 절실한 기도도 있지만 당시의 대 신학자인 암브로스 감독을 만나서입니다.

어거스틴의 고백에 따르면 암브로스의 신학적인 지식이나 철학적인 관념에 영향을 받은 것이 아니라 그의 친절함에 감동되어 회심하게 되는 계기가 되었다고 합니다.

파스칼이 죽은 후 그의 셔츠 안에 덧댄 종잇조각을 발견하게 됩니다.

그가 평생 품고 다닌 글귀가 사후 발견되었는데 다음과 같은 내용입니다.

"철학자와 학자들의 하나님이 아니라, 아브라함의 하나님, 이삭의 하나님, 야곱의 하나님이시다."

파스칼은 머리에만 존재하는 관념적이고 추상적인 하나님이 아니라 살아계신 자신이 체험한 인격적인 하나님을 모시고 산 것입니다.

찰스 콜슨은 실생활에 적용 시킨 행동을 강조하면서 이렇게 주장합니다.

"그렇다면 우리는 우리의 믿음을 하나의 위대한 철학으로 보는가, 아니면 살아있는 진리로 보는가? 추상적이고 때로는 학문적인 이론에 대한 신앙인가, 아니면 우리의 생명을 바칠 용의가 있는 살아계신 인격체에 대한 신앙인가? 그러면 우리 그리스도인들이 하나님의 진리를 하나님 나라의 영광을 위해 적용한다면 어떤 일이 일어날 것인가? 그 결과는 개개 그리스도인들과 전체로서의 교회를 통해 일하시는 하나님의 권능으로 전 세계를 완전히 뒤엎고 하나님의 혁명을 일으켜 놓을 것이다."

신앙의 생활화는 말이 필요 없는 전도가 될 것입니다.

신앙의 생활화는 파급력과 영향력에 있어서 천국을 침노하는 증거가 될 것입니다.

황성주 박사는 과거의 핍박과 가난한 시절에는 눈물로 견디며 기도로 신앙이 성장해 가는 시대였다면 오늘날과 같은 풍요로운 시대의 전도방법은 기독교인이 건강하게 살아야 한다고 주장합니다.

믿는 자가 행복하고 건강해야 '모두가 다 피곤하게 사는데 너는 왜 그렇게 생동감이 넘치는가?' 하고 비결을 물으면 자신의 건강과 행복의 비결은 예수님이라고 대답할 수 있어야 하지 않겠느냐고 반문합니다.

기독교인의 얼굴이 우울하고 근심이 많아 보이고 스트레스에 절어있는 모습을 보면서 그가 믿는 하나님을 신뢰할 수 있겠습니까?

기독교인 부부가 매일 분노하고 다투는데 어느 누가 천국을 믿겠습니까?

기독교인 직장인이 입만 열면 거짓말이요 정직하지 않고 험담을 일삼는데 누가 그 사람이 믿는 하나님을 믿겠습니까?

고집스럽고 까다로운 성격과 과격한 언행을 일삼는 권사님을 어머니로 둔 자녀가 성장해가면서 어머니가 믿는 하나님이라면 나는 절대 교회에 나가지 않겠다고 작심한 사람도 있습니다.

말로는 기독교인이라 하지만 실제 삶은 지옥처럼 사는 사람도 있습니다.

우리의 절제하지 못하는 입술과 혀의 사용으로 인해 씻을 수 없는 큰 상처를 준다면 그것은 현실에서의 지옥을 경험하게 되는 것입니다.

"혀는 곧 불이요 불의의 세계라 혀는 우리 지체 중에서 온몸을 더럽히고 삶의 수레바퀴를 불사르나니 그 사르는 것이 지옥 불에서 나느니라"
(약 3:6)

이 세상의 삶이 천국이냐 지옥이냐는 나의 실제 생활에 달려 있습니다.

이 천국을 가꾸기 위해 영적인 성숙뿐 아니라 지성적이고 정서적이고 신체적이고 사회 문화적인 면에서 성숙해야 하며 교리적 완성도만큼이나 도덕적, 윤리적 완성도를 실생활에서 증명해야 합니다.

이 천국을 보여줄 수 있는 증인이 됩시다.

천국은 지금 내가 살고 있는 이곳에서 시작됩니다.

3장

천국이 식물성인 이유

우리는 영원한 본향인 천국의 모습을 다 알 수는 없습니다.

성경에서 일부 묘사는 하고 있습니다만 온전하게 알 수는 없습니다.

그래서 예수님은 천국을 비유로 많이 묘사하셨습니다.

천국의 특징을 설명하시면서 믿는 자들이 이 땅에서도 천국 시민으로서 삶을 표출하시기 원하셨던 것입니다.

예수님은 천국 비유를 통해 천국에서의 삶을 이렇게 말씀하셨습니다.

"또 이르시되 하나님의 나라는 사람이 씨를 땅에 뿌림과 같으니

그가 밤낮 자고 깨고 하는 중에 씨가 나서 자라되 어떻게 그리 되는지

를 알지 못하느니라 땅이 스스로 열매를 맺되 처음에는 싹이요 다음에는 이삭이요 그 다음에는 이삭에 충실한 곡식이라 열매가 익으면 곧 낫을 대나니 이는 추수 때가 이르렀음이라 또 이르시되 우리가 하나님의 나라를 어떻게 비교하며 또 무슨 비유로 나타낼까 겨자씨 한 알과 같으니 땅에 심길 때에는 땅 위의 모든 씨보다 작은 것이로되 심긴 후에는 자라서 모든 풀보다 커지며 큰 가지를 내나니 공중의 새들이 그 그늘에 깃들일 만큼 되느니라"(막 4:26-32)

　　본문의 두 가지 천국 비유의 공통점은 식물이라는 것입니다.
　　예수님은 식물의 특징을 보여줌으로서 천국이 동물과는 대조되는 점을 강조하신 것입니다.
　　동물은 부지런히 움직이는 운동성이 특징입니다.
　　살아남기 위해서 분주하게 이동하면서 눈에 보이는 먹이를 쟁취합니다.
　　때로는 다른 동물과의 경쟁 관계에서 이기기 위해서 서로 빼앗고 빼앗기기도 합니다.
　　그야말로 약육강식의 논리대로 삽니다.
　　남을 이겨야 내가 살기에 이기적일 수밖에 없습니다.
　　반면에 식물은 일단은 움직이지 않는 고정성이 특징입

니다.

또한 밤낮 자고 깨고 하는 사이에 성장하므로 자라나는 과정이 눈에 보이지도 않습니다.

외면보다 내면적 성장이 중요하다는 것입니다.

그리고 즉각적인 결과물을 얻어야 하는 동물과는 다르게 식물은 열매 맺는데 오랜 시간이 필요합니다.

바람이나 눈보라, 기근이나 홍수 등의 자연재해 같은 연단과 시험에 맞서서 버텨야 하는 인내와 오래 참음이 요구됩니다.

끝으로 이기적인 동물과는 다르게 식물은 이타적입니다.

자신의 결과물을 모두 남에게 주는 베풂과 배려의 상징입니다.

예수님께서 천국을 식물성으로 비유하신 것은 성도들이 이 땅에서 어떻게 살아야 하는지를 알려주신 것입니다.

천국 시민은 내면적 성장을 위한 오랜 훈련과 양육 기간이 필요하다는 것과 인내와 오래 참음 그리고 이타적인 삶을 살아야 한다는 것입니다.

반면에 동물성의 나라는 지옥의 특징을 보여줍니다.

곧 탐욕과 이기심, 다툼과 분쟁, 지나친 경쟁심과 상대에게 상처와 피해를 주는 삶입니다.

사도 바울은 말세가 되면 믿는 자들 중에 천국의 시민권을 가졌다고는 하지만 지옥 백성의 삶을 사는 자들이 많이 배출 되리라고 예언합니다.

"너는 이것을 알라 말세에 고통하는 때가 이르러 사람들이 자기를 사랑하며 돈을 사랑하며 자랑하며 교만하며 비방하며 부모를 거역하며 감사하지 아니하며 거룩하지 아니하며 무정하며 원통함을 풀지 아니하며 모함하며 절제하지 못하며 사나우며 선한 것을 좋아하지 아니하며 배신하며 조급하며 자만하며 쾌락을 사랑하기를 하나님 사랑하는 것보다 더하며 경건의 모양은 있으나 경건의 능력은 부인하니 이같은 자들에게서 네가 돌아서라"(딤후 3:1-5)

지옥이 동물성인 이유는 자기밖에 모르며 자기 것에만 몰두 하고 자기 것으로 삼고 빼앗고 축적하고 즐기는 삶이라면,

천국이 식물성인 이유는 남을 위하고 남에게 주고 배려하고 희생하고 용서하고 이해하고 절제하고 오래 참는 삶이기 때문입니다.

천국의 삶의 방식이 나를 죽여 남에게 주는 것이라면, 지옥의 삶의 방식은 남을 죽여 내 것을 만드는 것입니다.

그렇다면 이 땅에 사는 천국 시민의 원리는 주는 삶이어야 합니다.

기독교를 한마디로 정의하면 '은혜'입니다.

은혜란 값없이 베푸는 호의, 즉 선물이라는 뜻입니다.

삼위일체 하나님은 '선물의 하나님' 즉 '주시는 하나님'이십니다.

성부 하나님은 만물의 영장으로서 세상의 지배권을 우리에게 주셨으며, 원죄 이후 자기의 독생자를 우리에게 아낌없이 주셨습니다.

"하나님이 세상을 이처럼 사랑하사 독생자를 주셨으니 이는 그를 믿는 자마다 멸망하지 않고 영생을 얻게 하려 하심이라"(요 3:16)

성자 하나님이신 예수님도 우리를 위해 생명의 핏값을 대신 치루셨고 주는 삶을 강조하십니다.

"주라 그리하면 너희에게 줄 것이니 곧 후히 되어 누르고 흔들어 넘치도록 하여 너희에게 안겨주리라"(눅 6:38)

성령 하나님도 신령한 선물인 다양한 은사를 베푸십니다.

"은사는 여러 가지나 성령은 같고"(고전 12:4)

은사란 헬라어로 '카리스마' 즉 '은혜로 주어진 선물'이란 뜻입니다.

사도 바울은 복음서에 기록되지 않은 예수님의 말씀을 우리에게 알려줍니다.

"주 예수께서 친히 말씀하신 바 주는 것이 받는 것보다 복이 있다 하심을 기억하여야 할지니라"(행 20:35)

본문은 사복음서 어디에도 예수님이 말씀하셨다는 증거가 없습니다.

이와 같은 말씀을 '아그라파'라고 합니다.

구전으로 전해져서 문서로 기록되지 않은 말씀이라는 뜻입니다.

즉 성경에는 기록되어있지는 않지만 예수님이 직접 하신 말씀이라는 것입니다.

이만하면 잘했지요?

그러나 진위가 의심되거나 출처가 불분명한 아그라파가 외경이나 위경에 많이 있기에 공식적인 예수님의 말씀으로 인정되지 않는 경우가 대부분입니다.

하지만 사도 바울이 언급한 것으로 보아 예수님이 친히 말씀하신 것이 확실합니다.

중요한 점은 그 많은 아그라파 중에서 사도 바울은 주는 것의 중요성을 강조하는 아그라파만을 인용했다는 것입니다.

결국 예수님은 우리에게 이 세상에서 살면서 가장 중요한 생활의 방식은 예수님을 본받아 선물하는 삶, 주는 인생, 식물성의 나라의 특징을 나타내라는 뜻일 겁니다.

성경은 우리가 하나님을 닮아 선물을 잘하는 사람이 될 것을 강조합니다.

"사람의 선물은 그의 길을 넓게 하며 또 존귀한 자 앞으로 그를 인도하느니라"(출 23:8)

"선물 주기를 좋아하는 자에게는 사람마다 친구가 되느니라"(잠 19:6)

히브리어로 선물은 '마탄'입니다.

반면에 성경은 뇌물에 대해서는 금지합니다.

"너는 뇌물을 받지 말라 뇌물은 밝은 자의 눈을 어둡게 하고 의로운 자의 말을 굽게 하느니라"(출 23:8)

"뇌물을 받는 자는 저주를 받을 것이라"(신 27:25)

히브리어로 뇌물은 '싸하드'입니다.

선물과 뇌물의 차이는 무엇일까요?

왜 선물은 삶을 형통하게 하는데 뇌물은 패망으로 인도할까요?

선물은 아무 대가 없이 감사해서 주는 것이기에 주는 사람도 자원하는 것이요 받는 사람도 부담 없이 기쁨으로 받을 수 있지만, 뇌물은 대가를 바라고 자기의 이익을 극대화하는 것이므로 주는 사람이나 받는 사람 모두 부담과 의무감을 안게 됩니다.

그래서 선물로 주었지만 뇌물의 성격을 띠었다면 뇌물이 되는 것이요 반대로 뇌물로 바쳤으나 선물이 될 수도 있습니다.

주는 자와 받는 자의 자세와 태도가 중요하다는 것입니다.

"많은 선물을 줄지라도 듣지 아니하리라"(잠 6:35)

왜 본문은 선물이 안 통한다고 말할까요?

본문에서 사용된 선물은 히브리어로 '싸하드' 즉 뇌물이라는 뜻입니다.

선물로 번역했지만 뇌물의 성격으로 드렸기에 통하지 않는다는 것입니다.

반면에 "뇌물은 그 임자가 보기에 보석 같은즉 그가 어디로 향하든지 형통하게 하느니라"(잠 17:8).

본문은 왜 뇌물인데 형통하게 된다고 할까요?

마치 뇌물을 정당화하듯이 보여 성경의 원리에 위배 되어 보입니다만 본문에 사용된 뇌물은 히브리어로 '마탄' 즉 선물이라는 단어입니다.

뇌물처럼 보이나 사실은 선물로 드렸기에 통한다는 것입니다.

다시 말하면 선물이나 뇌물은 주는 자와 받는 자의 태도가 중요하다는 것입니다.

아무 대가 없이 감사의 선물은 받는 자의 마음을 움직이지만 대가를 바라며 주는 선물은 뇌물이 되어 저주가 될 수 있습니다.

선물하는 사람이 됩시다.

주는 사람이 됩시다.

일본의 부자 1만 2천명을 인터뷰하여 그들의 비결을 연구한 혼다 켄은 일본의 백만장자들은 한결같이 입을 모아 '다른 사람에게 베풂으로서 풍요로워진다'라는 말에 동의한다고 말했습니다.

이해관계나 경쟁의식을 버리고 아무 대가도 바라지 말고 먼저 다가갑시다.

식사도 사고 커피도 대접하고 시간을 내서 외로운 사람의 말동무도 해주고 슬픈 사람을 위로해 주고 때로 마음의 선물도 안겨줍시다.

천국 시민은 식물성의 나라의 특징을 삶으로 보여야 합니다.

4장

착하게 살자

여러분 주변에 많은 분들이 교회에 실망과 회의를 느끼고 더이상 교회를 다니지 않거나 다른 종교로 개종하는 경우를 심심찮게 목격할 것입니다.

그들이 상처를 받고 교회를 떠나는 대부분의 이유가 신학적이거나 교리적인 문제가 아니라 교인들의 행실 때문이라는 것입니다.

말로는 거룩함을 내뱉지만 거칠고 부정직하고 비도덕이며 남에 대한 험담과 비난에 열을 올리고 오히려 돈에 집착이 강하고 심지어 돈 거래가 명확하지 않아 피해를 주거나 약속을 지키지 않거나 비논리적이고 자기주장이 강하고 분노를 잘 내고 욕도 잘하며 까탈스러운 성격과 기질을 드러내고 사소한 일에 다투고 남의 허물을 덮지 못하는 등 하나님보다는 하나님을 믿는 사람들에 대한 실망이 더 크다는 것입니다.

이케하라 마모루는 한국에서 26년을 살면서 자신이 느낀 한국인의 특징을 '맞아 죽을 각오를 하고 쓴 한국, 한국인 비판'이라는 책에 실어 출판했습니다.

그는 한국인의 무질서함을 비판하면서 특히 한국교회의 주차질서 실종에 대해서 꼬집습니다.

매주 일요일마다 교회 주변에 늘어선 무질서한 교인들의 불법주차, 교통법규 위반, 공공질서 무시 등의 주차의식을 보면서 도대체 한국의 교회목사들은 신자들에게 무엇을 가르치는지 모르겠다며 이렇게 일갈합니다.

"나는 한국의 교회가 구원과 복음을 전하기에 앞서 교통법규를 지키고 공중도덕을 지키라고 호소해야 한다고 생각한다."

참 부끄러운 지적이 아닐 수 없습니다.

신약성경 27권 중 21권이 서신서입니다.

교회들에게 보내는 편지, 즉 믿는 자들에게 보내진 것입니다.

서신서는 크게 두 부분으로 나누어집니다.

복음을 믿는 성도들에게 먼저 교리를 설명하고 이어서 그 교리를 어떻게 삶에 적용하느냐를 적은 것입니다.

특히 교회론을 다룬 에베소서를 살펴보면 기독교인의 덕목을 다음과 같이 나열합니다.

"겸손, 온유, 오래 참음, 너그러움"(엡 4:2), "거짓말 금지"(엡 4:25), "분노 억제"(엡 4:26), "도적질 금지"(엡 4:28), "말조심"(엡 4:29) "독설, 격정, 분노, 고함 소리, 욕설 금지"(엡 4:31), "친절, 긍휼, 용서"(엡 4:32) 등입니다.

이러한 덕목을 압축하면 착하고, 정의롭고, 진실하게 살아야 한다는 것입니다.

"빛의 열매는 모든 착함과 의로움과 진실함에 있느니라"(엡 5:9)

신약의 잠언이라 일컬어지는 야고보서는 구원받은 자의 삶 곧 믿음의 실천적 측면을 강조합니다.

"분노 금지"(약 1:20), "말 조심"(약 1:26), "차별 금지"(약 2:1), "시기, 다툼, 거짓말 금지"(약 3:14), "순결, 화평, 친절, 온순, 자비, 선한 행위, 편견과 위선 금지"(약 3:17), "비방 금지"(약 4:11), "오래 참음"(약 5:8), "인내"(약 5:11) 등입니다.

야고보서는 선행으로 그 행함을 증명하는 성도가 되어야 한다고 합니다.

"너희 중에 지혜와 총명이 있는 자가 누구냐 그는 선행으로 말미암아 지혜의 온유함으로 그 행함을 보일지니라"(약 3:13)

본문의 '선행'이란 '좋은 품행'이라는 뜻으로 '착한 생활'(공동 번역), '착한 행동'(표준 새 번역)으로 번역되기도 합니다.

결론적으로 기독교인의 삶의 특징은 착해야 합니다.

죄를 지은 범죄자가 출소한 후 다시는 죄를 짓지 않고 착하게 살겠다는 다짐을 하면서 자신의 팔뚝에 '차카게 살자'라는 문신을 새긴 유머가 떠오릅니다.

성도는 예수님의 보혈로 죄인에서 의인으로 구속받은 자들입니다.

우리도 한때 전과자였습니다.

이제 우리 자신들이야말로 마음의 팔뚝에 '차카게 살자'라는 문신을 새겨야 하겠습니다.

이러한 선행을 강조하기 위해서 예수님은 이웃사랑의 대표적인 예를 선한 사마리아인의 비유를 통해 말씀하신 바 있습니다.

생면부지의 이웃이 강도를 만나 역경에 처했을 때 아무 조건 없이 선행을 베푼 사마리아인이야말로 내 이웃을 내 몸처럼 사랑하라는 말씀을 몸소 실행한 모범이라는 것입니다.

성경의 위인들은 한결같이 선행을 베푼 사람들이었습니다.

아브라함은 날이 뜨거울 때 지나가던 목마르고 굶주린 낯선 사람의 방문에 즉각 음식을 대접합니다.

히브리서는 아브라함의 넉넉한 손님접대를 칭찬합니다.

"손님 대접하기를 잊지 말라 이로써 부지중에 천사들을 대접한 이들이 있었느니라"(히 13:2)

이방인 최초로 복음을 받아들인 고넬료는 경건하면서도 이웃에게 구제를 많이 한 착한 사람이었습니다.

"그가 경건하여 온 집안과 더불어 하나님을 경외하며 백성을 많이 구제하고 하나님께 항상 기도하더니"(행 10:2)

하나님께서 고넬료를 선택하신 이유가 그의 경건함과 더불어 구제가 하나님께 상달되었다고 천사는 전해줍니다.

"천사가 이르되 네 기도와 구제가 하나님 앞에 상달되어 기억하신 바가 되었으니"(행 10:4)

예수님은 세상에 살면서 심은 대로 거둘 것이고 행한 대로 갚으실 것을 약속하시면서 특히 불쌍한 자, 가난한 자, 환난 당한 자, 병든 자에게 자선을 베풀고 구제를 한 사람에게 상급을 베풀 것이라고 하셨습니다.

"내가 주릴 때에 너희가 먹을 것을 주었고 목 마를 때에 마시게 하였고 나그네 되었을 때에 영접하였고 헐벗었을 때에 옷을 입혔고 병들었을 때에 돌보았고 옥에 갇혔을 때에 와서 보았느니라"(마 25:35-36)

이런 사람들을 돕고 베푸는 구제는 실제로 예수님에게 하는 행동이라는 것입니다.

"너희가 여기 내 형제 중에 지극히 작은 자 하나에게 한 것이 곧 내게 한 것이니라"(마 25:40)

사도 바울도 선한 행실의 증거를 말합니다.

"선한 행실의 증거가 있어 혹은 자녀를 양육하며 혹은 나그네를 대접하며 혹은 성도들의 발을 씻으며 혹은 환난 당한 자들을 구제하며 혹은 모든 선한 일을 행한 자라야 할 것이요"(딤전 5:10)

이웃 사랑은 베풀고 주는 삶이어서 늘 손해 보는 것 같으나 여기에 반전이 숨어 있습니다.

하나님은 구제하는 손길에 반드시 보답하시는 하나님이시라는 것입니다.

성경 전체를 통틀어서 하나님을 채무자로 만드는 방법이 한 가지가 있습니다.

"가난한 자를 불쌍히 여기는 것은 여호와께 꾸어드리는 것이니 그의 선행을 그에게 갚아주시리라"(잠 19:17)

우리의 선행과 구제는 하나님께서 절대 모른 척하실 수 없으십니다.

왜냐하면 하나님은 꾸는 자가 되셔서 갚으실 의무가 생기셨기 때문입니다.

부메랑 법칙처럼 나에게 돌아와 보답하게 되어있고, 확대의 법칙처럼 30배, 60배, 100배의 결실로 되돌아옵니다.

그래서 "너는 네 떡을 물 위에 던져라 여러 날 후에 도로 찾으리라"(전 11:1)고 하신 것입니다.

바닷물에 던지는 떡밥은 사라지는 것 같으나 훗날 물고기로 나에게 돌아오듯이 선행과 구제는 마치 투자와 같은 것입니다.

이웃 사랑은 없어지는 것 같으나 사실은 나에게 100배로 돌아오는 하나님의 기가 막힌 복을 받는 비결입니다.

많은 기독교인들이 착각하는 죄의 정의가 하나 있습니다.

그것은 악행이나 범죄를 저지르는 것만이 죄라고 여기는 것입니다.

영어로 commission은 범행이나 과실을 범하거나 저지르는 것입니다.

그러나 성경에서 지적하는 중요한 범죄가 또 하나가 있습니다.

악행은 저지르지는 않았으나 그렇다고 선행을 행하지도 않는 것입니다.

영어로 omission이란 것으로 생략, 빠짐이라는 뜻으로 적극적으로 선을 행하지 않은 것을 지칭합니다.

"그러므로 사람이 선을 행할 줄 알고도 행하지 아니하면 죄니라"(약 4:17)

일반 사회법으로 볼 때 악행은 죗값을 치루지만 선행을 하지 않았다는 이유로 처벌받지는 않습니다.

그러나 성경은 선행을 하지 않은 것을 악행만큼이나 동일한 죄로 여깁니다.

죄를 범하지 않겠다는 소극적인 자세도 필요하지만 선을 행하겠다는 적극적인 자세는 더욱 필요합니다.

선행과 구제는 개인적인 측면뿐만 아니라 교회공동체적으로 함께 강화해야 합니다.

특히 한국교회는 더욱 그렇습니다.

한국인의 의식구조 전문분석가인 이규태씨에 따르면 5천 년의 역사와 문화 속에 잠재된 한국인의 주된 관점은 공동체적 농경문화에서 기인한다고 주장합니다.

농경 특성상 공동체의 내적 결속을 중시하다 보니 개인주의나 개인의 책임감은 결여되고, 풍족하지 못한 풍토에서 빠른 결과를 추구하다 보니 과정보다는 결과주의가 만연하고, 그러다 보니 형식주의가 판을 치게 되었다고 합니다.

이러한 한국인의 특성은 그대로 한국교회에도 뿌리 깊게 자리 잡혀 있다고 할 수 있습니다.

한국인의 신앙이 예수 믿고 구원받아 천국 가는 결과주의에 매몰되어 있어 교회가 나서지 않으면 개인은 적당히 안주하고, 나만 아니면 그만이라는 이기적인 무책임이 팽배하고, 예배드린 것으로 내가 할 신앙의 의무는 다한 것처럼 형식주의가 omission의 죄를 양산하는 것입니다.

민족적인 DNA가 성경적이지 않다면 고치려는 노력이 필요합니다.

구원은 미래에 천국 가는 결과만 있는 것이 아니라 과거에 죄 사함을 받음과 아울러 현재에도 진행되어야 하는 과정입니다.

필립스 브룩스는 '설교론'에서 설교자가 구원의 결과만 설교하면 반쪽 진리라고 반박하며 온전한 구원이 되려면 설교자는 구원 과정을 강조해야 한다고 주장합니다.

"구원의 과정은 죄의 형벌을 면하거나 죄를 용서 받게 하는데서 멈추지 않습니다. 믿음과 사랑과 순종과 인내로써 영혼이 점차 온전하게 되는 과정을 반드시 포함 시켜야 합니다."

구원은 지금도 이루어가는 과정이라면 믿는 자로서 구원의 생활을 구현해야 합니다.

즉 구원받은 성도라면 이 땅에 사는 동안 구원의 생활을 보여주어야 합니다.

교회는 매일 새벽예배를 포함하여 모든 공적예배는 철저히 지키고, 헌금에 대해서도 십일조는 물론이거니와 다른 봉헌물도 빠짐없이 하고, 기도는 청산유수처럼 방언도 거침없이 쏟아내며, 누구 못지않은 열심으로 봉사하는 성도를 보면서 본받고 싶고 뜨거운 열정에 도전을 받는 것도 사실이지만 그 동일한 성도가 가정과 직장에서 또는 대인관계에서 이해할 수 없는 아집과 감정을 조절하지 못하는 충동적인 모습과 불우이웃 성금이나 소년 소녀 가장 돕기에 한 번도 참여하지 않는 구제에 무관심한 모습과 공공예절과 질서와는 담을 쌓은 모습과 이기적인 태도를 보일 때 우리는 그의 신앙에 의문을 품고 기독교라는 이름 앞에 좌절하곤 합니다.

성도는 죄에서의 구원이 얼마나 근본적이고 크나큰 축복임을 전파해야 하는 동시에 구원받은 성도의 삶의 변화가 얼마나 아름다운 것인지도 보여주어야 합니다.

분노에 젖어있던 이리 같은 사람이 예수님을 만나 온유한 양이 되고, 독사 같은 눈매가 비둘기같이 화평하며, 이웃의 아픔에 동참하며 함께 슬퍼하고 도와주며 베풀고, 베짱이같이 게으른 자가 개미같이 성실한 사람이 되고, 원수에게조차 웃으며 관대하고 참아주는 사람이 되어야 합니다.

태어날 때부터 착한 사람이라는 칭찬이 아니라 착할 수 없는 사람이 예수님을 만나 착한 사람이 되었다는 것을 증명하는 것이 성도입니다.

착하게 삽시다.

다시 한 번 착하게 삽시다.

PART 2

고난

PART 2

고난

5장

인생은 전쟁이다

　설교자가 부담스러워하는 주제 중의 하나가 고난일 것입
니다.

　헤럴드 쿠시너는 '왜 선한 사람에게 나쁜 일이 생기는가?'라
는 책에서 고난의 문제를 추적합니다.

　저자는 한 교회의 목사로서 착한 심성으로 살았고 존경받
는 목회자로 지내왔지만 3개월 된 아들이 일종의 '조로증'으
로 10년을 넘기기 어렵다는 의사의 진단을 받고 '왜 나에게
이런 고난이 닥치는가?'라며 이해할 수 없는 고난을 끌어안고
오랜 시간을 기도하며 씨름합니다.

　그가 내린 결론은 인생의 모든 고난은 나 혼자 당하는 것
이 아니라는 것입니다.

이 땅에 사는 동안 모든 사람은 고통의 문제를 실존적으로 마주쳐야 한다는 것입니다.

중요한 것은 이해할 수 없는 인생의 고난의 문제를 어떻게 유익하게 반응해야 하는 것이라고 주장합니다.

분명히 하나님은 우리에게 복 주시고 형통케 하시기를 원하시지만 여전히 이 땅에는 죄와 악, 고난과 재앙이 존재합니다.

인간의 마음속에는 기복적인 본성이 있기 마련이지만 성경은 기복만 약속하지 않습니다.

믿는 자에게도 고난이 엄습하기 때문입니다.

원죄로 인해 세상이 타락했고 예수님의 십자가로 모든 저주를 이겼지만 재림 이전까지 세상은 완전히 회복되지 않을 것입니다.

고난은 현재진행형이고 맞닥뜨려야 할 현실입니다.

그러므로 설교에서 기복주의만 강조하는 것은 반쪽 진리입니다.

나머지 반인 현실에 존재하는 고난의 문제를 반드시 다루어야 합니다.

성경은 인생을 고난의 장소에 놓인 삶이라고 말합니다.

"이 땅에 사는 인생에게 힘든 노동이 있지 아니하겠느냐"(욥 7:1)

본문에 '힘든 노동'이란 히브리어로 '짜바'로서 '전쟁, 군대'라는 의미입니다.

현대인의 성경은 "인생은 전쟁을 하는 것 같고,"

공동번역은 "인생은 땅 위에서 고역이요"라고 번역했습니다.

그야말로 이 세상에 사는 동안 인생은 전쟁이요, 고역인 것입니다.

어쩌면 인생에서 행복과 기쁨은 짧고 불행과 눈물은 깁니다.

미국의 저명한 저술가이자 정신과 의사인 스캇 팩은 '아직도 가야 할 길'이라는 명저에서 "삶은 고통의 바다, 고해이다"라고 글을 시작합니다.

산다는 것은 힘겹고 어려운 일의 연속이라는 사실을 전제해야 한다는 것입니다.

삶이 고난이라고 받아들이면 인간의 불행은 더이상 고통스럽지 않지만 고난의 삶을 받아들이지 않는 마음의 태도를 갖는 사람들이 정신적인 병리가 나타난다는 것입니다.

자신이 정신과 의사로서 수많은 환자들을 진료하면서 두 종류의 환자가 있다고 결론을 내립니다.

먼저 신경증 환자는 대부분 자의식이 강해서 고통의 원인을 자신에게 두어 지나치게 책임을 지려는 자세 때문에 병이 생긴다고 합니다.

한편 성격장애 환자는 대부분 고통을 받아들이지 않고 고통의 원인을 자신보다는 타인과 세상에게 그 책임을 물으므로 병이 생긴다는 것입니다.

그런데 치료를 하면 신경증 환자는 거의 치료가 되는 반면에 성격장애환자는 거의 치료가 되지 않는다는 것입니다.

고난을 있는 그대로 받아들이는 자세의 중요성과 그 원인을 자신에게 두는 것이 올바른 방법이라는 것입니다.

삶이 전쟁이고 고역이며 고해임을 받아들여야 합니다.

또 성경은 인생을 골짜기로 비유합니다.

인생에는 다양한 고난의 골짜기가 있다는 것입니다.

먼저 '사망의 음침한 골짜기'(시 23:4)가 있습니다.

인생을 살다 보면 죽음의 그늘이 엄습합니다.

많은 돈을 사기당하기도 하고, 친구가 배신하여 원수가 되기도 하고, 불황으로 인한 경제적 어려움을 당하기도 하고, 불치의 병으로 사선을 넘기도 하고, 예상 하지 못한 사고를 당하기도 합니다.

그리고 '힌놈의 골짜기 또는 죽임의 골짜기'(렘 7:32)도 있습니다.

인생에 닥치는 질병, 기근, 전쟁, 사고, 사건, 재앙, 마음의 상처 등으로 죽음과 같은 고통을 겪기도 합니다.

또한 '아골 골짜기'(수 7:26)도 있습니다.

하루도 편할 날이 없는 불안과 스트레스, 걱정과 염려, 그리고 우울증과 조울증의 고통의 시기도 다가옵니다.

'눈물 골짜기'(시 84:6)도 있습니다.

억울하고 괴로운 일로 인해 눈물과 애통, 슬픔과 통곡의 나날도 보냅니다.

'기드론 골짜기'(요 18:1)도 있습니다.

건기 때 바짝 마르는 기드론 골짜기처럼 인생에 갑자기 닥치는 재난의 고통입니다.

마지막으로 '싯딤 골짜기'(창 14:10)도 있습니다.

사해의 소금기로 아무것도 자랄 수 없는 싯딤 골짜기처럼 사업과 직장의 경제적 어려움을 당하기도 합니다.

그 외에도 성경은 인생을 광야에 묘사하기도 합니다.

광야 같은 인생이란 먹을 것도 없고 물도 부족한 곤고한 삶이라는 것입니다.

"이 광야에서 죽게 하는가 이곳에는 먹을 것도 없고 물도 없도다"(민 21:5)

두려움과 걱정을 동반하는 "크고 두려운 광야"(신 1:19)이기도 하고,

"광대하고 위험한 광야 곧 불뱀과 전갈이 있고 물이 없는 간조한 땅"(신 8:15)이며,

광야는 "황무지에서, 짐승이 부르짖는 광야"(신 32:10)이기도 합니다.

분명한 것은 인생을 사는 동안 골짜기와 광야를 피할 수 없다는 것이며 반드시 지나가야 하는 필수과정이라는 사실입니다.

하나님은 말씀과 고난으로 하나님의 백성을 양육하십니다.

말씀을 가지고 고난의 현장을 이겨내야 하는 사명이 우리에게 있습니다.

고난을 통해 하나님은 우리를 훈련 시키기에 고난은 필수적입니다.

"고난 당한 것이 내게 유익이라 이로 말미암아 내가 주의 율례들을 배

우게 되었나이다"(시 119:71)

성도는 영광을 얻기 위해 고난도 받아야 합니다.

"자녀이면 또한 상속자 곧 하나님의 상속자요 그리스도와 함께 한 상속자니 우리가 그와 함께 **영광을 받기 위하여 고난도 함께 받아야** 할 것이니라"(롬 8:17)

"그리스도를 위하여 너희에게 은혜를 주신 것은 다만 그를 믿을 뿐 아니라 또한 그를 위하여 **고난도 받게 하려 하심이라**"(빌 1:29)

그러므로 성도는 고난에 적극적으로 참여해야 합니다.

"오히려 너희가 그리스도의 고난에 참여하는 것으로 즐거워하라 이는 그의 영광을 나타내실 때에 너희로 즐거워하고 기뻐하게 하려 함이라"(벧전 4:13)

이러한 고난의 과정을 겪으면서 성도는 성장하고 성숙하지만 나이 들어 인생을 되돌아보면 바로 왕 앞에서 말한 야곱 같은 고백이 나올 수밖에 없습니다.

"험악한 세월을 보내었나이다"(창 47:9)

인생이 고통의 세월이었다는 것입니다.

다른 성경에서는 "살아온 나날이 궂은 일뿐이었습니다(공동
번역),

"정말 고달픈 세월을 보냈습니다"(현대인의 성경) 등으로 번역했
습니다.

출애굽기에서는 애굽에서 노예생활을 하는 이스라엘 백성의
고통을 "마음의 상함과 가혹한 노역"(출 6:9)이라고 표현합니다.

인생은 마음의 스트레스와 육체적인 노동에서 벗어날 수
없는 것입니다.

위와 같은 고단한 현실적인 고백은 우리로 하여금 대단히
우울하게 만드는 것도 사실입니다.

그러나 설교자가 명심할 것은 지나치게 현세의 행복과 내
세의 복만 강조하느라 현실적인 고난의 측면을 무시해서는
안 된다는 것입니다.

마치 부활의 기쁨만 전하느라 십자가의 고난을 무시해서는
결코 안 되는 것입니다.

설교자는 강대상에서 인생은 전쟁이요, 골짜기가 기다리고

있고, 현재 광야를 지나가며, 고난에 처하는 것은 피할 수 없는 과정이요, 우리가 반드시 헤쳐 나가야 할 길임을 선포해야 합니다.

현실에는 장밋빛 약속만 있는 것이 아니라 고난에 동참하여 내 몫에 태인 십자가를 지는 인생을 각오하라고 주장해야 합니다.

설교자는 이렇게 외쳐야 합니다.

고난 없는 인생을 꿈꾸지 마십시오.

고난을 당당히 겪으십시오.

6장

피할 수 없다면 즐겨라

탄줘잉이 저술한 '살아있는 동안 꼭 해야 할 49가지'라는 책
에서 '고난과 반갑게 악수하기'에 나온 이야기입니다.

오랜 경력의 주방장인 아버지에게는 결혼한 딸이 있습니다.

최근에 딸은 남편과 사소한 일로 다투다 남편이 가출해 버
리고 그녀의 자녀도 학교에 무단결석을 하는 말썽을 피우는
가 하면 집에 도둑이 들어 돈이 될 만한 것들은 모두 훔쳐가
는 등 여러 가지 어려운 일을 겪으면서 사는 게 너무 힘들어
다 포기해 버리고 싶다고 불평합니다.

딸의 불만을 조용히 듣고 있다가 아버지는 그녀를 데리고
주방에 가서는 팔팔 끓는 물에 홍당무, 계란, 커피 원두를 집
어넣습니다.

아무 말도 없던 아버지는 20분이 지나자 홍당무, 계란, 커피를 각각 그릇에 담더니 끓인 홍당무를 만져보라고 하더니 이어서 계란을 까보라고 한 후, 이어 원두커피를 마시라고 권합니다.

딸이 묻습니다.

"아버지 무엇 때문에 이렇게 하신 거예요?"

아버지는 이렇게 질문합니다.

"어떤 게 너와 비슷하다고 생각하니? 너는 홍당무니, 계란이니, 아니면 원두커피니? 어려움에 부딪치면 어떻게 대처해야 현명할까?"

그제서야 딸은 아버지의 깊은 뜻을 알아차립니다.

인생은 반드시 고난과 마주쳐야 합니다.

고난을 당할 때 3종류의 반응이 있습니다.

첫째는 딱딱했던 홍당무가 물렁하게 익은 것처럼 고난이 닥치자 여지없이 약해지고 힘들어하며 괴로워하는 사람이 있고,

둘째는 익기 전에 부드러운 액체였던 계란이 끓이고 나면 단단한 삶은 계란이 되는 것처럼 고난을 통해 더 강해지는 사람이 있는가 하면,

마지막으로 원두커피 가루가 끓인 물속에 들어가면 온 물

을 짙은 향기로 맛있게 변하게 하듯이 고난 때문에 오히려 주변 사람들에게 덕이라는 향기를 발하는 더욱 성숙해지는 사람이 있다는 것입니다.

고난은 고난을 맞이하는 태도에 따라 다르게 반응할 수 있다는 것입니다.

고해 같은 인생에 어차피 고난은 임하게 되어있다면 적극적으로 좋은 방향으로 유도하자는 것입니다.

고난이 없도록 바라지 말고 다가올 고난을 맞서는 대응책을 마련해야 합니다.

말 그대로 피할 수 없다면 즐기라는 것이죠.

성경에서는 고난의 원인에 대해서 다양하게 알려줍니다.

마귀의 유혹, 세상의 가치, 육체의 정욕에 이끌려 고난을 자초하기도 합니다만 특히 성도에게 다가오는 고난은 하나님의 의도적인 교육방식이라는 것입니다.

하나님은 시험하시는 하나님이십니다.

마귀의 시험은 유혹으로서 상대를 죽이고 멸망에 목적이 있지만

하나님의 시험은 성숙하게 하기 위해서 훈련하시는 목적이 있습니다.

"네 하나님 여호와께서 이 사십 년 동안에 네게 광야 길을 걷게 하신 것을 기억하라 이는 너를 낮추시며 **너를 시험하사** 네 마음이 어떠한지 그 명령을 지키는지 지키지 않는지 알려 하심이라"(신 8:2)

"여호와께서 그들을 위하여 법도와 율례를 정하시고 **그들을 시험하실새**"(출 15:25)

두 본문은 분명히 시험의 주체가 하나님이시라고 밝힙니다.

그래서 우리에게 여러 가지 시험, 즉 골짜기, 광야, 고난이 닥칩니다.

"내 형제들아 너희가 **여러 가지 시험을 당하거든** 온전히 기쁘게 여기라"(약 1:2)

본문에서 '여러 가지 시험을 당하거든'은 원래의 의미를 오해할 수 있습니다.

'만약(if) 당한다면'이 아니고 '당하게 될 때(when)'라는 뜻입니다.

즉 당할 수도 있고 안 당할 수도 있다는 조건적인 개념이 아니라 언제든지 당하게 되어있는데 당하는 순간에는, 이라는 뜻입니다.

모든 성도는 하나님의 시험에 노출되어있는 존재라는 것입니다.

그렇다면 하나님의 시험의 목적은 무엇입니까?

하나님은 우리를 괴롭히기 위하여 시험하시는 것이 아니라 성숙시키기 위하여 훈련하신다는 것입니다.

"그가 나를 단련하신 후에는 내가 순금같이 되어 나오리라"(욥 23:10)

본문에서 사용된 '단련'은 히브리어로 '바한'인데 그 뜻은 '검사하다, 조사하다, 증명하다'입니다.

원석에 묻어있는 찌꺼기를 제련용 용광로로 모두 녹여 없애서 순금보석으로 만들기 위해서 연단하신다는 것입니다.

고대 당시에 사용되는 금 또는 은 화폐는 이물질을 제거하는 금속 검사를 통과한 후에 저울로 무게를 달아 기준치에 합격된 진품만 정식 화폐가 됩니다.

따라서 하나님의 저울에 합격 되는 진품이 될 때까지 시험은 계속됩니다.

"하나님께서 나를 공평한 저울에 달아보시고"(욥 31:6)

이만하면 잘했지요?

"마음을 저울질 하시는 이가"(잠 24:12)

"여호와는 지식의 하나님이시라 **행동을 달아보시느니라**"(삼상 2:3)

하나님은 우리가 진품 순금이 될 때까지 연단하시고 시험하시고 저울에 달아보십니다.

저울에 달아 보았을 때 불합격되는 가짜 화폐 즉 모조 화폐 내지는 위조 화폐는 모두 폐기처분 됩니다.

바벨론 제국의 마지막 왕인 벨사살 왕이 잔치를 벌이다 흥에 겨운 나머지 예루살렘성전을 멸망시키고 노략해 온 하나님의 성전의 그릇을 꺼내와 술을 담아 마시다가 하나님의 진노의 심판을 받게 됩니다.

갑자기 연회장 벽에 나타난 손가락이 '메네 메네 데겔 우바르신'이라고 씁니다(단 5:25).

다니엘이 이 뜻을 해석합니다.

"하나님이 왕의 나라의 시대를 세어서 끝나게 하셨고, **왕이 저울에 달아보니 부족함이 보였으며**, 왕의 나라는 나뉘어서 메데와 바사 사람에게 나눠주셨다"(단 5:26-28)

하나님의 저울에 불합격된 벨사살은 죽음을 당하게 되고 바벨론 제국 또한 멸망 당하게 됩니다.

그래서 우리는 늘 하나님의 기준 저울에 합격하는 인생인가 스스로를 시험해봐야 합니다.

"너희는 믿음 안에 있는가 너희 자신을 **시험하고** 너희 자신을 **확증하라**"(고후 13:5)

하나님의 저울을 통과하지 못할 때 하나님께 버림을 받습니다.

"그렇지 않으면 너희는 **버림받은 자니라**"(고후 13:5)

본문에서 하나님께 버림받은 자는 헬라어로 '아도키모스'입니다.

부정어인 '아'와 '도키모스'의 합성어입니다.

'도키모스'는 검사하다, 조사하다라는 뜻입니다.

하나님께 버림받은 자는 금속이나 화폐를 검사하는 기준에 통과되지 못한 불합격 금속이나 화폐를 의미합니다.

이만하면 잘했지요?

그러므로 하나님의 시험이라는 고난을 맞이할 때 왜 나에게 이런 시련을 주시느냐고 불평과 원망을 할 것이 아니라 나를 순금 합격품으로 만드시기 위한 하나님의 사랑임을 깨닫고 기쁨으로 받아들여야 합니다.

그래서 예수님께서는 모든 것을 버리고 자기를 따르는 제자들에게 백 배의 축복을 약속하시면서 동시에 박해도 받게 될 것이라 말씀하셨습니다.

제자에게도 박해의 시련은 당하게 되어있습니다.

"예수께서 이르시되 내가 진실로 너희에게 이르노니 나와 복음을 위하여 집이나 형제나 자매나 어머니나 아버지나 자식이나 전토를 버린 자는 현세에 있어 집과 형제와 자매와 어머니와 자식과 전토를 **백 배나 받되 박해를 겸하여 받고** 내세에 영생을 받지 못할 자가 없느니라"(막 10:29-30)

사도 바울도 복음은 늘 고난을 동반한다고 말씀하셨습니다.

"복음과 함께 고난을 받으라"(딤후 1:8)

사도 베드로도 성도는 고난을 받기 위하여 부르심을 받은 존재라고 역설합니다.

"선을 행함으로 **고난을 받고 참**으면 이는 하나님 앞에 아름다우니라 이를 위하여 **너희가 부르심을 받았으니** 그리스도도 너희를 위하여 고난을 받으사 너희에게 본을 끼쳐 그 자취를 따라오게 하려 하셨느니라"(벧전 2:20-21)

결국 하나님의 사람은 모두 고난을 거치게 되어있습니다.

"**징계는 다 받는 것이거늘 너희에게 없으면 사생자요 친아들이 아니니라**"(히 12:7-8)

그러나 심판과 징계는 다릅니다.

심판은 하나님의 진노의 저주이지만 징계는 성장시키기 위한 매질입니다.

몽둥이와 매는 다릅니다.

하나님의 몽둥이는 심판하고 멸망하기 위한 것이지만 하나님의 매는 잘못된 습관을 고치고 죄를 없애고 성숙시키기 위한 그야말로 사랑의 매입니다.

우리에게 닥치는 시련, 고난, 고통, 골짜기, 광야는 통과해야 할 의례이며 이를 통해 복이 약속되어 있습니다.

그래서 C. S. 루이스는 "고통이란 귀먹은 세상을 깨우는 하나님의 확성기"라고 했으며,

옥한흠 목사는 "고난은 하나님의 변장된 축복"이라고 했습니다.

고통에 대한 기독교적 접근으로 유명한 필립 얀시는 감각을 느끼지 못하는 한센병 환자를 예를 들며 고통을 느끼지 못하는 사람은 하나님을 감각하지 못하는 사람이라고 말합니다.

십자가의 성 요한은 모든 성도는 '영혼의 깊은 밤'을 지나게 되어있다고 주장합니다.

그러나 고난의 깊은 밤은 하나님의 연단방법입니다.

갓난아이가 젖을 떼고 이유식을 먹일 때 어머니는 독하게 젖을 뗍니다.

젖을 찾는 아기가 가엾지만 아기를 성장시키기 위해서는 혹독한 젖 떼기 과정이 꼭 필요한 법입니다.

"사랑 깊은 어머니가 가냘픈 어린이를 가슴의 체온으로 덥

혀주고, 달콤한 젖과 부드럽고 맛난 음식을 먹이며 그 팔로 안아주고 쓰다듬어 주듯이 하나님께서도 그렇듯 귀여워하신다. 그러나 어머니는 어린이가 커감에 따라 부드러운 사랑을 감추면서 응석을 받아주지 않고 다디단 젖통에다 쓴 노회즙을 발라 아기를 품에서 내려놓고 제 발로 걷게 한다. 어린이의 구실은 그만하고 어른다운 큰일에 처신을 하라 함이다."

그러므로 고난을 적극적으로 기뻐해야 합니다.

이 용광로의 과정이 나를 성숙시키기 위한 것을 알기에 그렇습니다.

인생이 곤경에 처했을 때, 두려운 광야를 지나갈 때에, 골짜기를 위험하게 걸어갈 때에, 고난과 고통의 시기가 닥칠 때 오히려 웃고 찬양합시다.

시편에는 6편의 믹담 시가 있습니다(시 16, 56, 57, 58, 59, 60).

전부 다윗이 지은 시입니다.

믹담이란 '속죄의 시'라는 뜻도 있지만 '황금의 시'라는 뜻이 있습니다.

황금의 시란 인생 최고의 신앙 고백적 시를 말합니다.

일평생 살면서 인생에 남을 만한 내용의 시를 주님께 바친 것입니다.

그런데 다윗의 믹담 시는 놀랍게도 다윗이 인생의 곤경에 처했을 때 지은 것들입니다.

각 시편은 제목을 담은 표제가 있습니다.

대부분의 믹담 시의 표제가 적을 피하여 하나님께 도망갈 때(시 16), 가드에서 블레셋인에게 잡힌 때에(시 56), 사울을 피하여 굴에 있던 때에(시 57), 사울이 사람을 보내어 다윗을 죽이려고 할 때(시 59) 지은 시들입니다.

이렇듯 다윗 인생 최고의 시인 '황금의 시'는 고난 중에 만들어진 것입니다.

이제 강대상의 설교자는 고난에 처한 성도들에게 이제 울지 말고 웃을 것을 외쳐야 합니다.

인생의 골짜기를 즐기라고 하나님의 징계를 웃으면서 맞으라고 고난을 기뻐하라고 광야를 지날 때 휘파람을 불으며 걸어가라고 설교해야 합니다.

고난이 닥칠 때 '너 고난아 얼마든지 오라. 내가 기쁘게 너를 맞아주마. 아니 너가 나타날 때 나는 노래하며 찬양하리. 왜냐하면 고난은 위장한 하나님의 복이요, 나를 사랑하시는 하나님의 손길이기 때문이리.'

이렇게 설교하는 설교자를 듣고 싶습니다.

7장

반전의 드라마는 남았다

때로 눈을 들어 하늘의 별을 보면서 우주의 광활함에 감탄을 금하지 못합니다.

우주 안에 셀 수 없는 별들을 가진 은하계가 있고 그런 은하계도 수많이 존재하기에 그 엄청난 별들의 수효에 비하면 지구는 한낱 먼지 정도로 느껴집니다.

무한대로 보이는 우주 공간 만큼이나 거리 또한 무한대의 시간으로 보입니다.

그래서 우주는 시간의 단위로 빛의 속도인 광년을 사용합니다.

빛은 1초에 30만 킬로미터를 나아갑니다.

그러니까 1광년은 빛이 초속 30만 킬로미터의 속도로 1년

동안 나아가는 거리로 9조 4,570억 7,782만 킬로미터를 지나
간다는 말입니다.

너무 어마어마해서 계산이 안 되니까 경험적으로 느낄 수
가 없는 시간입니다.

쉽게 예를 들어 비교하자면 지구에서 달까지의 거리가 약
38만 킬로미터이니까 빛의 속도로는 1초면 도달하지만 현존
하는 대중교통수단 중 가장 빠른 것으로 알려진 시속 300킬
로미터인 KTX 기차로 달린다면 달까지 53일을 내리 달려야
도착하는 거리인 것입니다.

그런데 우주에는 수십 광년, 수억 광년 걸리는 별들도 허다
합니다.

인간의 시간개념으로는 도저히 갈 수 없는 거리인 것입니다.

그런데 여기에 우주의 반전이 존재합니다.

정상적인 우주여행으로는 무한대로 보이는 별에 도착할
수 없지만 이론적으로 도달할 수 있는 방법이 한 가지가 있
습니다.

바로 '블랙홀'입니다.

블랙홀이란 우주공간에 존재하는 것으로 초고밀도에 의하
여 생기는 중력장의 구멍입니다.

중력의 밀도가 상상을 초월하기 때문에 빛을 빨아들일 만큼 매우 강력합니다.

엄청난 속도로 빛을 빨아들이는 입구를 '블랙홀'이라 하고 홀의 통로를 '웜홀'이라 하고 홀의 출구를 '화이트홀'이라 합니다.

그러니까 이 블랙홀을 지나 웜홀을 지나가면 단 몇 분 사이에 엄청난 거리의 우주공간을 화이트홀의 출구를 통해 순간 이동할 수 있는 것입니다.

최근 우주 소재의 영화인 '인터스텔라'에서 웜홀을 지나간 주인공이 단 몇 분 사이에 우주공간을 이동해서 지구에 도착하니 이미 수십 년이 흘러간 것을 묘사하는 장면이 등장합니다.

자연적인 방법으로는 수십 년이 걸려야 할 거리의 공간을 단 몇 분 사이에 공간이동이 되어 주인공 자신은 웜홀에서 몇 분의 시간을 경험하지만 지구에서는 수십 년의 시간이 경과되어 주인공의 딸은 이미 할머니가 되어있습니다.

불가능해 보이는 시간과 공간의 무한대가 웜홀이라는 과정을 거쳐 순간이동이 가능하다는 우주법칙인 것입니다.

이제 다시 고난의 주제로 돌아가겠습니다.

우리에게 닥친 고난의 폭과 넓이가 상상을 초월하는 규모가 되면 정상적인 방법으로는 이 고난이라는 난제를 해결할 수 없을 것으로 보입니다.

　불치의 병, 되돌릴 수 없는 사고, 인간으로는 어찌 해 볼 도리가 없는 재난을 겪을 때 사람은 좌절하고 낙망하게 됩니다.

　이때 영적 웜홀을 믿어야 합니다.

　도저히 불가능해 보이는 고난의 실타래가 하나님을 만나는 순간 풀어지기 시작합니다.

　하나님은 아브라함에게 자신을 이렇게 소개합니다.

"여호와께 능하지 못한 일이 있겠느냐"(창 18:14)

　본문에서 사용된 '능하지 못한 일'은 히브리어로 '파라'인데 '경이롭다, 너무 어렵다'라는 뜻입니다.

　본문의 다양한 성경 역본들을 살펴봅니다.

"이 야훼가 무슨 일인들 못 하겠느냐?" (공동 번역)

"나 주가 할 수 없는 일이 있느냐?" (표준 새 번역)

"주에게 너무 어려운 일이 있느냐?" (킹 제임스 흠정역)

"여호와께 어려워서 못할 일이 있겠느냐?" (우리말 성경)

"여호와께 불가능한 일이 있겠느냐?" (바른 성경)

즉 하나님은 경이 그 자체여서 불가능한 일이나 어려운 일이 없다는 것입니다.

아브라함이 믿음의 조상이라고 일컬어지는 이유가 바로 하나님은 불가능이 없으신 분이라는 믿음 때문입니다.

"그가 믿은 바 하나님은 죽은 자를 살리시며 없는 것을 있는 것으로 부르시는 이시니라"(롬 4:17)

아브라함이 믿은 하나님은 죽음을 생명으로 무에서 유를 만드시는 전능의 하나님인 것입니다.

"아브라함이 바랄 수 없는 중에 바라고 믿었으니"(롬 4:18)라는 말은 도저히 불가능한 것을 바라고 믿었다는 것입니다(현대인의 성경).

예수님이 우리에게 요구하는 믿음이 무엇입니까?

"예수께서 그들에게 대답하여 이르시되 하나님을 믿으라 내가 진실로 너희에게 이르노니 누구든지 이 산더러 들리어 바다에 던져지라 하며 그 말하는 것이 이루어질 줄 믿고 마음에 의심하지 아니하면 그대로 되리

라"(막 11:22-23)

불가능을 가능케 하시고 도저히 믿을 수 없는 일을 하시는 분이심을 믿으라는 것입니다.

그래서 하나님이 하시는 일은 우리에게 기이하게 보입니다.

"이는 여호와께서 행하신 것이요 우리 눈에 기이한 바로다"(시 118:23)

본문에서 '기이한 바'가 히브리어로 '파라'로서 '경이로움, 어려움'이란 말입니다.

하나님은 기적의 하나님이요, 불가능한 일을 가능케 하시는 하나님이십니다.

예수님의 별명이 '기묘자'입니다.

"이는 한 아기가 우리에게 났고 한 아들을 우리에게 주신 바 되었는데 그의 어깨에는 정사를 메었고 그의 이름은 **기묘자라**, 모사라, 전능하신 하나님이라, 영존하시는 아버지라, 평강의 왕이라 할 것임이라"(사 9:6)

본문의 기묘자는 히브리어로 '페레'로서 '파라'에서 온 것으로 역시 '경이, 기적'을 의미합니다.

예수님은 경이로우신 기적의 하나님이란 뜻입니다.

믿음은 기적을 행하시는 하나님을 믿는 것입니다.

물론 가장 큰 기적은 우리를 죄에서 구원하신 기적입니다.

더 나아가 고난에서 우리를 구원하시는 기적의 하나님을 믿는 것입니다.

하나님이 이스라엘 백성을 이끄셨던 최종 목적지는 가나안 복지이지 광야가 아닙니다.

광야는 하나님을 만나 훈련을 받는 장소이지 목적지는 아닙니다.

광야는 거쳐야 하지만 영원히 지속되지는 않습니다.

인생의 골짜기는 지나가지만 결국은 산꼭대기로 인도하십니다.

"골짜기마다 돋우어지며 산마다, 언덕마다 낮아지며 고르지 아니한 곳이 평탄하게 되며 험한 곳이 평지가 될 것이요"(사 40:4)

골짜기는 돋우어지고, 평탄하게 될 것이고, 평지가 될 날이 옵니다.

"내가 헐벗은 산에 강을 내며 골짜기 가운데에 샘이 나게 하며 광야가 못이 되게 하며 마른 땅이 샘 근원이 되게 할 것이며"(사 41:18)

골짜기에서 샘물이 솟아나올 때가 올 것이며, 광야가 물 댄 동산이 될 것이며 마른 땅이 젖과 꿀이 흐르는 땅으로 변모할 것입니다.

골짜기에서, 광야에서 하나님을 만나면 인생은 전화위복이 됩니다.

인생역전이 일어납니다.

정상적인 방법으로는 불가능해 보이는 일이 하나님을 만나는 순간 영적 웜홀을 지나면서 주께서 "나의 슬픔이 변하여 내게 춤이 되게"(시 30:11)

하십니다.

골짜기가 깊을수록 산은 더 높아집니다.

시험이 크면 상급도 큰 법입니다.

광야가 길어지면 가나안의 복지는 더 큽니다

그러므로 인생의 고난을 맞을 때 불평불만만 하지 말고 또한 체념도 하지 말고 고난 이후에 주실 하나님의 선물을 믿는 기적의 믿음을 가집시다.

그럴 때 먼 훗날 고난의 골짜기, 눈물의 골짜기, 사망의 음침한 골짜기가 변하여 브라가 골짜기(대하 20:26)-축복의 골짜기-가 될 것입니다.

힘들 때마다 "주님 손잡고 일어서세요"(김석균 작)를 부릅시다.

> "왜 나만 겪는 고난이냐고 불평하지 마세요
>
> 고난의 뒤편에 있는 주님이 주실 축복 미리 보면서 감사하세요.
>
> 너무 견디기 힘든 지금 이 순간에도 주님이 일하고 계시잖아요.
>
> 남들은 지쳐 있을지라도 당신만은 일어서세요.
>
> 힘을 내세요.
>
> 힘을 내세요.
>
> 주님이 손잡고 계시잖아요.
>
> 주님이 나와 함께 함을 믿는다면 어떤 역경도 이길 수 있잖아요.
>
> 어떤 고난도 견딜 수 있잖아요."

고난 중에 있는 여러분!

아직 우리에게는 반전의 드라마가 남아있습니다.

힘을 내세요.

이만하면 잘했지요?

나 같은 흙수저도

요즈음 우리나라에서는 때 아닌 금수저, 흙수저 논란이 가열되고 있습니다.

금수저란 부유한 가정 출신으로 태어날 때부터 사회적 성공이나 경제적 여유를 누릴 수 있는 기회가 더 많이 보장되는 반면, 흙수저란 가난한 가정 출신으로 시작부터 경쟁에서 열세일 수밖에 없어서 사회적으로나 경제적으로 낙오될 가능성이 농후하다는 것입니다.

오늘날의 현실을 보여주는 푸념 어린 자조적인 사회계층을 우울하게 비교해서 일컫는 신조어입니다.

원래 이 말은 미국의 속담에서 유래한 것입니다.

"He was born with a silver spoon in his mouth."

직설적으로 '태어날 때부터 은수저를 입에 물고 나왔다'는 뜻으로

'그는 부유한 집안 태생이다 또는 많은 유리한 점을 가지고 태어나다'라는 의미입니다.

수저론에 따르면 금수저는 부모의 자산이 20억 이상이고 연 수입이 2억 이상으로 전체 총인구의 상위 1%를 차지하고,

은수저는 자산 10억 이상, 연 수입 8천만 원 이상으로 전체 총인구의 3%,

동수저는 자산 5억 이상, 연 수입 5억5천만 원으로 전체 총인구의 7.5%,

놋수저는 자산 1억 이상, 플라스틱 수저는 자산 5천만 원 이상, 마지막으로 흙수저는 자산 5천만 원 이하, 연 수입이 2천만 원 이하를 칭합니다.

특히나 청년실업 문제가 심각한 현실에서 젊은이들의 미래를 더욱 어둡게 하는 비관적인 사회현상을 반영하기도 한 것입니다.

요즈음 청년층을 빗대 '연애, 결혼, 출산'을 포기하는 '삼포 세대'라고 일컫기도 하고, 이제 세 가지도 모자라 취업, 주택, 인간관계, 희망, 건강까지 포기 해야 한다는 'N포 세대'라는

말까지 들려옵니다.

정말 부모의 재산과 사회적 지위를 물려받지 못한 흙수저는 마냥 절망에 빠져야 하고 출구가 없을까요?

나 같은 흙수저는 일찌감치 미래에 대한 소망마저 포기해야 할까요?

물론 부유한 부모님을 만난 행운아가 경쟁력이 있는 것은 사실이지만 믿는 자의 올바른 자세는 아닙니다.

우선 살펴볼 것은 경제적 불평등이 현대에만 속한 문제가 아니라는 점입니다.

과거 고대와 중세시대에는 더 심각한 구조적 차별이 존재해 왔기 때문입니다.

다시 말하면 사회구조적 불평등의 문제는 역사적으로 상존했다는 것입니다.

오히려 그 격차는 점점 줄어들면서 현대는 과거와 비교할 때 보다 경쟁의 공평한 구조를 갖게 되었다는 것입니다.

게다가 성경은 모든 부의 원천이 하나님께 속해 있다고 믿습니다.

"여호와는 가난하게도 하시고 부하게도 하시며"(삼상 2:7)

"네 하나님 여호와를 기억하라 그가 네게 재물 얻을 능력을 주셨음이라"
(신 8:18)

"주신 이도 여호와시요 거두신 이도 여호와시오니"(욥 1:21)라고 고백
합니다.

가난과 부의 배분이 하나님의 주권에 속해있고 만물의 주
재권이 하나님께 있습니다.

하나님은 자유하십니다.

하나님은 자신의 뜻대로, 하나님이 원하시는 대로 역사하
십니다.

"그가 임의로 인도하시느니라"(잠 21:1)

본문에서 '임의로'는 히브리어로 '하페쯔'로서 '원하는 대로,
좋으신 대로, 마음대로'라는 뜻입니다.

하나님께는 일정한 규칙이나 틀에 고정된 분이 아닙니다.

하나님의 자유하심에 따라 계획대로 하시거나 변경하시기
도 합니다.

"제비는 사람이 뽑으나 모든 일을 작정하기는 여호와께 있느니라"(잠

역사의 주관자요 섭리자는 하나님이십니다.

모든 일을 결정하는 것은 하나님께 달려있습니다.

그래서 도저히 인간적으로 불가능한 상황도 하나님이 작정하시면 그 상황은 역전되기도 합니다.

어떤 목사님은 하나님의 역전시키는 독특한 섭리를 일컬어 '한방 신학'이라고 규정하기도 했습니다.

한방에 상황을 뒤집고 역사하시기 때문입니다.

슬픔이 변하여 기쁨이 되게도 하시고 죽음이 변하여 부활이 되게도 하시고 저주가 변하여 복이 되게도 하십니다.

노예요 죄수였던 요셉이 한방에 당대 대제국의 국무총리가 되기도 하고,

10년 넘게 광야로 쫓겨 다니던 도망자 다윗이 한 나라의 왕이 되기도 하고, 살인자요 늙은 목동인 모세가 국가의 지도자가 되기도 하고, 포로로 끌려간 다니엘이 총리로, 에스더가 왕비가 되기도 하십니다.

여호수아 이야기도 우리에게 많은 시사점을 줍니다.

여호수아는 이스라엘의 군대를 이끌었던 장군 출신이기에

오늘날의 흙수저로 불리기는 어렵습니다만 당대의 후계자 그룹과 비교하면 흙수저에 불과합니다.

모세에 이어 차세대 지도자 그룹으로 거론되는 인물들은 모두 금수저들이었습니다.

과거 고대 시대에 왕의 계승은 아들에게 이어진 것을 생각할 때에 여호수아의 후계자 선출은 불가능한 것이고 그 외 모세에 준하는 많은 당시의 지도자들이 있었다는 사실을 견주어보면 가히 불가능한 후계자 선출일 것입니다.

당장 모세에게는 게르솜과 엘리에셀이라는 아들들이 있었고, 모세의 형인 아론과 그의 아들들인 나답과 아비후, 그리고 엘르아살과 이다말 등이 레위지파의 대표적인 지도자들이었고 그 외 각 지파를 대표하는 칠십 인의 장로들이 백성들을 이끌고 있었습니다.

거기에 비하면 여호수아는 당시 지도자 지파인 레위지파가 아닌 에브라임지파 출신이요 '모세의 수종자'(수 1:1)로서 보좌관에 불과했습니다.

그런 그가 차세대 후계자로 낙점된 것은 순전히 하나님의 작정이었습니다.

하나님께서 직접 모세에게 여호수아를 후계자로 낙점하라

고 명령하십니다.

"여호와께서 모세에게 이르시되 눈의 아들 여호수아는 그 안에 영이
머무는 자니 너는 데려다가 그에게 안수하고"(민 27:18)

그리고 하나님은 여호수아에게 성령을 부어주서서 지도자
의 권위를 갖게 하고 모든 백성이 따를 수밖에 없는 두려움
을 임하게 하셨습니다.

"모세가 눈의 아들 여호수아에게 안수하였으므로 그에게 지혜의 영이
충만하니 이스라엘 자손이 여호와께서 명령하신 대로 여호수아의 말을
순종하였더라"(신 34:9)

그야말로 하나님이 간섭하시니 단번에 흙수저가 금수저가
된 것입니다.
현재 가난하지만 순간 부유하게 역전되고 아무것도 없는
자였는데 순간 부유한 자가 되며 무명한 자가 단번에 유명한
자로 쓰임 받기도 합니다.

"무명한 자 같으나 유명한 자요 죽은 자 같으나 보라 우리가 살아 있고 징계를 받는 자 같으나 죽임을 당하지 아니하고 근심하는 자 같으나 항상 기뻐하고 가난한 자 같으나 많은 사람을 부요하게 하고 아무것도 없는 자 같으나 모든 것을 가진 자로다"(고후 6:9-10)

우리에게 인생의 광야와 골짜기가 놓여있는 것은 필연적인 하나님의 뜻입니다.

그러나 하나님은 모든 것을 합력하여 선하게 결말을 맺게 하시는 선하신 하나님이십니다.

악한 자도 자기 자식에게는 좋은 것을 주는데 하물며 하늘의 하나님은 어떠하시겠습니까?

광야는 지나야 하지만 하나님께서 동행하실 것이고 때가 되면 골짜기는 곧 메워지고 샘물이 솟아나게 되어 있습니다.

때가 되면 광야를 벗어나 가나안에 이르게 될 것입니다.

하나님의 불기둥과 구름 기둥이 떠올라 우리를 가나안으로 이끄실 때까지 낙심하지 말고 전진해 갑시다.

아직 나의 전성기가 오지 않았을 뿐입니다.

나의 전성기는 곧 펼쳐질 것입니다.

오늘날 암울한 현실에 사는 청년들뿐 아니라 노년들도 낙심하고 있습니다.

OECD 국가 중 한국 노인들의 빈곤이 심각한 수준이고 자살률 또한 최상위 권에 이를 지경입니다.

뿐만 아니라 목회를 하는 목사들마저 목회가 너무 힘들다고 아우성입니다.

강대상에서의 설교가 힘이 떨어질 수밖에 없는 현실인 것입니다.

목사들이 먼저 고난에 담대하고 인내하며 소망을 가지고 담대히 고난의 광야 길을 걸어갈 때 양떼들이 믿고 따르게 될 것입니다.

'하나님의 대사'를 쓴 김하중 장로가 목회를 힘들어하는 목사를 만날 때마다 건네준 편지입니다.

"하나님 아버지,

제가 너무 힘들고 괴롭습니다.

사역이 너무 어렵습니다.

저는 의지 할 곳이 없습니다.

아버지께서 도와주시지 않는 것 같아

어떤 때는 아버지가 원망스럽습니다.

저는 이해할 수가 없습니다.

왜 이렇게 사역이 안 되는지를 알 수가 없습니다.

하나님, 저를 불쌍히 여겨주시옵소서.

저를 도와주시옵소서.

사랑하는 아들아! 네가 지금 힘들고 괴로운 것을 내가 다 아노라.

그러나 너는 참아야 한다. 그리고 반드시 이겨내야 한다.

네가 지금 받는 어려움은 고통이 아니다.

내가 받은 고통을 생각해보아라.

사랑하는 아들아, 나는 너를 사랑한다.

네가 나를 위해 눈물로 기도하는 것을 다 알고 있고,

다 보고 있으니 안심하여라.

나는 앞으로 너를 아주 귀하게 사용할 것이다.

너는 그때를 대비해야 한다.

너는 실망하지도 말고 괴로워하지도 말아야 한다.

내가 언제 어디서든지 너와 함께 할 것이니

너는 오히려 기뻐해야 할 것이니라.

눈에 보이는 것 때문에 괴로워하거나 슬퍼하지 마라.

그것이 전부가 아니니라.

이만하면 잘했지요?

네가 나를 얼마나 사랑하는지 잘 알고 있으니

너는 오직 나만 믿고 의지하라.

내가 너를 지켜 주리라. 내가 너와 함께 할 것이니라.

네 교회는 창대케 될 것이며,

네가 원하는 모든 것이 다 이루어질 것이니라.

그때 너는 기뻐 뛰며 나를 찬양할 것이니라.

다른 사람을 미워하지 마라. 오직 사랑하라.

주변에서 너를 욕하는 사람이 있어도 개의치 마라.

내가 너를 지켜줄 것이니라.

너는 나의 사랑하는 종이니라.

내가 너를 심히 사랑하노라."

PART 3

기적

PART 3

기적

9장

개봉박두가 부족한 교회

블랙 프라이데이(Black Friday)라는 날이 미국에 있습니다.

요즘 우리나라도 이 행사를 따라 하는 추세이기도 합니다.

11월 마지막 목요일, 추수감사절 다음 날인 금요일을 일컫는 말인데 연말 쇼핑시즌을 알리는 시점이자 연중 최대의 쇼핑이 시작되는 날입니다.

이 세일 기간 중 첫날인 금요일에만 진행되는 소비량이 미국 연간 소비의 약 20% 가량을 차지하는 것으로 유명합니다.

수많은 인파가 각종 세일 상품을 구입하기 위해 대거 몰리고 뛰다 넘어져 깔려 죽는 사람도 매년 550명 이상이나 됩니다.

죽음을 불사하고 상품을 구매하려는 미국인의 심리적 기대감을 엿볼 수 있습니다.

또 다른 기대감으로 충만한 곳이 있습니다.

그것은 10대들의 콘서트 장입니다.

이곳에서도 놀랄만한 흥분과 소음과 열기로 가득한 상상 이상의 기대감을 느낄 수 있습니다.

구매하려는 상품을 싸게 구입할 수 있다는 기대감이나 좋아하는 스타와의 만남을 기대하는 것은 흥분에 찬 열정입니다.

오늘날 교회에 부족한 점이 이와 같은 흥분된 기대감이 아닐까 합니다.

하나님을 향한 영적 굶주림, 타는 목마름, 뜨거운 갈망 말입니다.

예배란 하나님을 만나는 것입니다.

우리는 어떠한 기대감으로 하나님을 만날 준비를 합니까?

출애굽 이후 시내 산에서 이스라엘 백성이 하나님을 만나는 장면을 살펴보면 시내 산에서 강림하시는 하나님을 맞이하기 위해 이스라엘 백성은 3일 동안 성결하게 하는 준비를 합니다.

"여호와께서 모세에게 이르시되 너는 백성에게로 가서 오늘과 내일 그들을 성결하게 하며 그들에게 옷을 빨게 하고 준비하게 하여 셋째 날을 **기다리게 하라** 이는 셋째 날에 나 여호와가 온 백성의 목전에서 시내 산에 강림할 것임이니"(출 19:10-11)

이틀간 옷을 빨고 성결하게 준비하면서 3일째의 만남을 기다리라고 하십니다.

당시 이스라엘 백성의 3일 간의 흥분되는 기대감의 기다림을 어떻게 묘사할 수 있겠습니까?

드디어 3일째 되는 날 하나님이 초자연적인 기적으로 임하시는 모습으로 나타나십니다.

"시내 산에 연기가 자욱하니 **여호와께서 불 가운데서 거기 강림하심이라** 그 연기가 옹기 가마 연기 같이 떠오르고 온 산이 크게 진동하며 나팔 소리가 점점 커질 때에 모세가 말한즉 하나님이 음성으로 대답하시더라"(출 19:18-19)

3일 간의 기다림은 기대감으로 증폭되고 기적을 보게 됩니다.

성령님의 강림을 알리는 오순절 사건도 유사합니다.

예수님은 부활하시고 승천하시면서 오실 성령님을 기다리라고 하십니다.

"예루살렘을 떠나지 말고 내게서 들은 바 아버지께서 **약속하신 것을 기다리라**"(행 1:4)

예수님이 승천하신 후 제자들을 비롯한 120명의 성도들은 마가의 다락방에서 10일간을 기도로 기다립니다.
10일이 지나자 하늘에서 놀라운 성령 하나님의 강림이 부어집니다.
기대감이 기적으로 바뀌는 순간입니다.

"홀연히 하늘로부터 급하고 강한 바람 같은 소리가 있어 그들이 앉은 온 집에 가득하며 마치 불의 혀처럼 갈라지는 것들이 그들에게 보여 각 사람 위에 하나씩 임하여 있더니"(행 2:2-3)

120문도들의 뜨거운 기대감은 성령님의 기적의 강림을 목격하게 됩니다.
기독교는 흔히 체험의 종교라고 합니다.

하나님을 체험한다는 것은 초자연적인 능력, 논리로 해석이 안 되는 절대자의 간섭과 섭리, 곧 기적을 경험한다는 것입니다.

그러므로 기독교의 기대감은 기적의 체험을 의미한다 하겠습니다.

예수님이 하나님 되심을 증명하신 것은 기적의 역사를 통해서입니다.

"하나님께서 나사렛 예수로 **큰 권능과 기사와 표적**을 너의 가운데서 베푸사 너희 앞에서 그를 증언하셨느니라"(행 2:22)

마찬가지로 예수님의 제자들도 기적이 늘 동반했습니다.

"믿는 자들에게는 **이런 표적**이 따르리니"(막 16:17)

그리고 그러한 기적을 통해서 말씀을 입증했습니다.

"그 따르는 **표적**으로 말씀을 확실히 **증언**하시니라"(막 16:20)

초대교회의 특징은 기적의 일상화라고 할 수 있습니다.

"사도들로 말미암아 **기사와 표적**이 많이 나타나니"(행 2:43)

복음서에는 예수님의 말씀보다 기적을 두 배 이상 기록하고 있습니다.

왜냐하면 하나님의 나라는 말에 있지 아니하고 오직 능력에 있기 때문입니다(고전 4:20).

그러나 오늘날의 교회는 기적을 기대하는 뜨거움이 사라졌습니다.

믿는 자들에게 진리는 있는데 능력이 없습니다.

그 이유가 무엇입니까?

가장 결정적인 이유는 현대의 과학주의와 세속주의 때문입니다.

지나치게 상식적이고, 논리적이고, 이성적이고, 경험적으로 증명 가능한 자연법칙에 매몰된 현대인들에게 기적은 미신적이요 신화적이라고 여깁니다.

기적은 더이상 일어나지 않는다는 사고가 팽배함으로서 오히려 객관적이고 과학적이라는 믿음이 불신앙을 키웁니다.

기적을 기대하지 않는 곳에서는 기적이 일어나지 않습니다.

"그들이 믿지 않으므로 말미암아 거기서 많은 능력을 행하지 아니하시니라"(마 13:58)

설사 기적을 행하더라도 믿지 않는 자는 그 기적을 믿지도 않습니다.

"이렇게 많은 표적을 그들 앞에서 행하셨으나 그를 믿지 아니하니"(요 12:37)

결국 믿음은 생각의 차이를 보여줍니다.
진리를 믿으면서 기적을 기대한다면 기적은 일어납니다.
그러나 진리는 믿으나 기적을 불신한다면 진리만 남고 능력 없는 삶을 살아야 합니다.
즉 능력 없는 진리, 살아 계신 하나님의 능력을 맛보지 못하고 맙니다.
우리의 생각이 어디에서 오는지 생각의 출처를 잘 파악해야 합니다.

생각을 잘 생각해야 합니다.

믿음의 생각은 하나님께로부터 옵니다.

"**성령** 그가 너희에게 모든 것을 가르치고 내가 너희에게 말한 모든 것을 **생각나게 하리라**"(요 14:26)

그러나 불신의 생각은 마귀로부터 옵니다.

"**마귀가** 벌써 시몬의 아들 가롯 유다의 마음에 예수를 팔려는 **생각을 넣었더라**"(요 13:2)

나의 생각의 기원이 하나님께로부터 온 믿음의 생각인지 마귀로부터 온 불신의 생각인지 우리는 늘 경계해야 합니다.

성경은 분명히 기적이 일어난다고 말씀하는데 그것을 믿지 못한다면 마귀의 생각이거나 마귀가 배후에서 역사한 사상을 받아들인 것입니다.

그러므로 우리는 성경적이지 않은 생각을 다시 생각해 보아야 합니다.

이만하면 잘했지요?

"하나님 아는 것을 대적하여 높아진 것을 다 무너뜨리고 **모든 생각을 사로잡아**"(고후 10:5)

본문에서 사용된 모든 생각을 '사로잡아'는 포로로 잡으라는 것입니다.

무조건 받아들이지 말고 하나님을 아는 지식에 대적하는 불신의 생각을 잘 검토하라는 것입니다.

생각은 생명과 사망을 결정하는 중차대한 것입니다.

"육신의 생각은 사망이요 영의 생각은 생명과 평안이니라"(롬 8:6)

많은 사람들이 기적을 믿지 않는다고 해도 성도는 확고해야 합니다.

하나님은 살아계시고 어제나 오늘이나 영원토록 변함없으시기에 기적은 계속됩니다.

어떤 분은 성경의 계시가 종료되었다고 합니다.

그래서 초대교회 같은 기적은 더이상 일어나지 않는다고 합니다.

계시는 종료되었어도 기적은 현재진행형입니다.

이상하게도 기독교인조차 기적이라는 단어를 언급하면 비과학적이고 미신적이고 천박한 신앙으로 매도하는 시대에 살고 있습니다.

맥스 데이비스는 '당신은 살아가는데 필요한 힘을 어디서 얻는가'라는 책에서 기적만이 내가 필요로 하는 모든 것이라고 고백하면서 기적을 믿는 것은 이성적이며, 지각 있는 행동이라고 주장합니다.

저자는 기적을 오랫동안 연구하고 분석하면서 나름의 패턴이 있음을 말합니다.

"대체로 기적은 어떤 사람이 믿음을 갖게 된 후에(그 전이 아니라) 일어난다. 내가 본 대부분의 기적들은 하나님의 전능한 개입이나 계시를 통해서 찾아왔다."

기적은 믿음의 문제입니다.

많은 성도들이 기적의 기대감을 상실하면서 기적의 수혜자가 되지 못하고 있습니다.

믿음을 가지고 기적을 기대하십시오.

'개봉박두'라는 말은 봉지나 봉투 등을 열어 볼 시간이 바짝 다가왔다는 뜻입니다.

최근에는 새로 상영될 영화가 며칠 안으로 바짝 다가왔다

이만하면 잘했지요?

는 것을 알리려는 의도로 주로 사용하기도 합니다.

이제 믿음의 용어로 개봉박두를 사용합시다.

하나님의 기적이 내게도 일어납니다.

주여 내게도 기적을 주소서.

개봉박두하시라.

운명은 타이밍이다

얼마 전에 큰 화제를 몰고 왔던 드라마 '응답하라 1988'에서 나온 인상 깊은 대사를 소개합니다.

> "운명은 시시때때로 찾아오지 않는다. 적어도 운명적이라는 표현을 쓰려면 아주 가끔 우연히 찾아드는 극적인 순간이어야 한다. 그래야 운명이다. 그래서 운명의 또 다른 이름은 타이밍이다……. 그러나 운명은 그리고 타이밍은 그저 찾아드는 우연이 아니다. 간절함을 향한 숱한 선택들이 만들어내는 기적 같은 순간이다. 주저 없는 포기와 망설임 없는 결정들이 타이밍을 만든다."

그렇습니다.

기적이라는 운명은 하늘에서 주어지는 것이지만 그 기적을 향해 간절함을 담은 행동이 필요합니다.

가끔씩 내 인생에 선물로 주어지는 운명을 적절한 타이밍에 받으려면 게으른 망설임을 버리고 줄기찬 애절함을 드러내야 합니다.

기적을 바라는 기대감에 젖은 간절한 갈망의 첫 출발은 기도입니다.

간절함은 기적의 하나님을 만나는 지름길입니다.

그래서 기도는 간절함입니다.

"나를 간절히 찾는 자가 나를 만날 것이니라"(잠 8:17)

본문에서 '나를 간절히 찾는 자'는 히브리어로 한 단어입니다.

'솨하르'는 '날이 새다, 일찍이 일어나다'는 뜻입니다.

하나님이 주시는 기적을 얻기 위해서 잠을 설치며 새벽부터 일어나 애타게 부르짖는 절실함을 말합니다.

간절한 기도가 기적을 일으킵니다.

예수님은 간절한 기도를 이렇게 표현하셨습니다.

"**구하라** 그리하면 너희에게 주실 것이요 **찾으라** 그리하면 찾아낼 것이요 문을 **두드리라** 그리하면 너희에게 열릴 것이니"(마 7:7)

기도는 얻을 때까지 구하고, 찾고, 두드려야 한다는 것입니다.

기도하고, 기도하고, 또 기도해야 한다는 것입니다.

매튜 헨리는 이 구절을 '거지가 동냥을 구하듯이' 기도해야 한다고 해석했습니다.

마치 이번 동냥을 얻지 못하면 굶어 죽을 수도 있기에 포기하지 않고 죽도록 음식을 애걸하듯이 기도하라는 것입니다.

기도란 하나님이 아니시면 기적을 얻을 수 없기에 죽기 살기로 해야 하는 것입니다.

다윗이 유다 광야로 도망자로 10년을 넘겨 쫓겨 다닐 때 의지할 분은 하나님밖에 없었습니다.

자신에게 기적 같은 도움을 주실 유일한 하나님께 타는 목마름으로 간절히 기도할 수밖에 없었습니다.

"하나님이여 주는 나의 하나님이시라 **내가 간절히 주를 찾되** 물이 없

이만하면 잘했지요?

어 마르고 곤핍한 땅에서 내 영혼이 주를 갈망하며 내 육체가 주를 앙모하나이다"(시 63:1)

물이 없어 목마름으로 죽어가는 심령이 어떻게 기도하겠습니까?

목이 말라 죽어가는 아들의 간절한 기도에 하나님의 마음은 찢어집니다.

예수님의 겟세마네 동산에서의 기도는 더욱 처절합니다.

"예수께서 **힘쓰고 애써 더욱 간절히 기도하시니** 땀이 땅에 떨어지는 핏방울 같이 되더라"(눅 22:44)

피가 터지도록 기도하는 독생자 예수님의 기도에 하늘 아버지는 함께 고통의 눈물을 흘리실 수밖에 없습니다.

예수님은 겟세마네의 기도에서 땀범벅이 되셨습니다.

그런데 기적을 일으키실 때는 말 한마디로 쉽게 하셨습니다.

오병이어 때, 풍랑 이는 바다를 잠재울 때, 수많은 질병을 고치실 때, 죽은 자를 살리실 때마다 말씀 한마디로 땀방울 하나 흘리시지 아니하시고 기적을 일으키셨습니다.

이것이 기도와 기적의 상관관계입니다.

기도가 처절할수록 기적은 쉽게 일어납니다.

초대교회 지도자인 베드로 사도가 감옥에 갇혔을 때 교인들이 할 수 있는 것은 하나님께 애타게 부르짖는 것뿐이었습니다.

"이에 베드로는 옥에 갇혔고 교회는 그를 위하여 간절히 하나님께 기도하더라"(행 12:5)

베드로의 설교 한번에 5천 명씩, 또는 3천 명씩 회개하여 교회의 성도는 급속히 늘어나서 이미 수만 명에 달했습니다.

그 수만 명이 간절하게 부르짖는 중보기도를 상상해 보십시오.

하나님은 하늘의 보좌를 박차고 뛰어 나올 수밖에 없습니다.

그들의 기도에 하나님은 천사를 보내어 기적적으로 구하셨습니다.

우리가 늘 하는 기도의 형식을 크게 나누어 보면 기도는 묵상기도와 부르짖는 기도로 볼 수 있습니다.

기적을 바라는 간절한 기도는 당연히 부르짖는 기도일 수밖에 없습니다.

삶과 죽음을 앞둔 간절한 마음을 담은 기도는 소극적이고 수동적일 수 없기 때문입니다.

마실 물이 없어 죽어가는 백성을 위해 모세는 하나님께 간절히 부르짖습니다.

"모세가 여호와께 **부르짖었더니** 여호와께서 그에게 한 나무를 가리키시니 그가 물에 던지니 물이 달게 되었더라"(출 15:25)

본문의 '부르짖다'는 히브리어로 '짜아크'인데 '소리치다, 외치다'는 뜻입니다.

사사 시대 외국의 침략에 멸망을 코앞에 둔 이스라엘 백성은 구원의 기적을 달라고 하나님께 부르짖습니다.

"이스라엘 자손이 여호와께 **부르짖으매** 여호와께서 이스라엘 자손을 위하여 한 구원자를 세워 그들을 구원하게 하시니"(삿 3:9)

온 백성이 나라의 패망을 앞두고 어떤 심정으로 기도하겠습니까?

통곡으로 외쳤을 것입니다.

다윗이 아비멜렉에게 신분이 들통 나서 위기에 처했을 때 부르짖습니다.

"이 곤고한 자가 **부르짖으매** 여호와께서 들으시고 그의 모든 환난에서 **구원하셨도다**"(시 34:6)

본문의 '부르짖다'는 히브리어 '카라'로서 '외치다, 소리치다' 는 의미입니다.

인생의 광야에 내던져졌을 때 이렇게 소리치며 기도하십 시오.

'하나님!

제가 죽을 만큼 힘들어요.

저를 불쌍히 여기사

제발 저를 살려주세요.

저를 도와주세요.'

간절한 기도의 또 다른 이름은 눈물의 기도입니다.

하나님은 눈물의 기도에 약하십니다.

자녀가 아파할 때 차라리 내가 아픈 게 낫다고 생각하는 것이 부모의 마음입니다.

하물며 아버지 하나님께서 고통스럽게 아빠 아버지라고 울면서 기도하는 당신의 자녀들의 눈물을 지나칠 수 없습니다.

눈물의 기도는 하나님이 병에 담아 기억하십니다.

"**나의 눈물을 주의 병**에 담으소서 이것이 주의 책에 기록되지 아니하였나이까"(시 56:8)

그래서 죽을병에 걸린 히스기야가 눈물로 벽을 향해 기도할 때 하나님은 응답하시고 15년을 더 살게 하셨습니다.

"너는 돌아가서 내 백성의 주권자 히스기야에게 이르기를 왕의 조상 다윗의 하나님 여호와의 말씀이 내가 **네 기도를 들었고 네 눈물을 보았노라** 내가 너를 낫게 하리니 네가 삼 일 만에 여호와의 성전에 올라가겠고"(왕하 20:5)

하나님은 히스기야의 기도와 눈물을 함께 보신 것입니다.

기적은 이렇게 눈물의 기도와 함께 일어납니다.

내용 없이 '엉엉, 흑흑'하고 울기만 해도 하나님은 그 마음을 다 아십니다.

때로는 신음이 기도가 될 수 있습니다.

사람은 사면초가의 상황에 직면하면 더이상 눈물도 안 나올 때가 있습니다.

과중한 삶의 무게에 짓눌리면 눈물은 말라버리고 한숨과 신음만 나옵니다.

이스라엘 백성이 애굽에서 노예생활에 지치고 힘들어서 망연자실합니다.

400여 년의 혹독한 노예생활에 더이상 흘릴 눈물도 없습니다.

괴로운 인생을 한탄하며 탄식의 기도를 하나님은 들으시고 내려오십니다.

"내 백성이 애굽에서 괴로움 받음을 내가 확실히 보고 그 **탄식하는 소리를 듣고 그들을 구원하려고 내려왔노니** 이제 내가 너를 애굽으로 보내리라"(행 7:34)

본문에서 '탄식'이라는 헬라어는 '스테낙모스'인데 히브리어 '아나흐'를 번역한 것입니다.

이만하면 잘했지요?

두 단어 모두 '헐떡거리다, 한숨, 신음'이라는 뜻입니다.

인생의 풍랑을 만났을 때 우리는 헐떡거릴 수밖에 없습니다.

더이상 흘릴 눈물조차, 기도할 힘조차 없기 때문입니다.

이때 신음 어린 목소리로 기도합시다.

"아빠 하나님!

저 힘들어요.

삶이 너무 버겁고 피곤해요.

더이상 살맛이 안나요.

저를 외면하지 말아주세요.

제발 저 좀 도와주세요.

저는 기적이 필요해요."

아버지는 통곡의 눈물로 부르짖는 자녀의 고된 울부짖음도 아시지만 자녀의 작은 신음 소리도 알아들으십니다.

사람과 부딪치면 상처의 쓴 눈물을 흘리지만 하나님과 부딪치면 기적의 단 눈물이 됩니다.

기적의 역사는 간절함을 수반한 눈물의 기도에서 시작합니다.

운명의 타이밍을 가름하는 열쇠는 기도입니다.

간절함이 부르짖는 기도를 하게 만들고, 더 큰 간절함은 눈물로 이어지고, 가장 큰 간절함은 신음으로 토로하게 됩니다.

고해 같은 인생에서 기도 없이는 살 수 없습니다.

왜 기도해야 하느냐고 묻지 말고 왜 기도하지 않느냐고 물어야 합니다.

20세기 최고의 복음주의로 알려진 마틴 로이드 존스 목사가 했던 인터뷰에서 '사람이 왜 기도해야 하는가?'라는 기자의 질문을 받고 이렇게 답합니다.

"그 물음은 왜 뻐꾸기가 밤에만 우는가?, 왜 독수리가 창공을 향해 끊임없이 치솟아 오르는가? 와 같은 질문입니다. 사람이 기도하는 것은 기도하도록 지음을 받았기 때문입니다."

그리고 기도가 기적을 가져오는데 기도하지 않을 이유가 어디 있습니까?

11장

소망은 인생을 소풍으로 만든다

목적지 없이 망망대해를 떠다니는 배가 있다면 절망에 빠진 채 항해할 수밖에 없습니다.

인생은 고해, 즉 고통의 바다라고 비유하곤 합니다.

예측할 수 없는 날씨와 언제 불어 닥칠지 모르는 풍랑의 위기 가운데 드넓은 바다에 홀로 떠 있는 인생의 바다는 늘 두려움과 염려가 엄습합니다.

아무리 위기를 극복해도 선착할 포구가 없는 배라면 늘 위태합니다.

또 현재 평안해도 다다를 목적지가 없는 배라면 소망이 없습니다.

반면에 성경은 천국을 소원의 항구에 비유합니다.

"그들이 평온함으로 말미암아 기뻐하는 중에 여호와께서 그들이 **바라는 항구로 인도하시는도다**" (시 107:30)

현재 불어 닥치는 풍랑과 조난의 위기 가운데서도 안전한 소망의 항구가 기다리고 있다면 인내할 수 있습니다.

이 광풍의 바다를 가르고 지나가면 곧 바라던 평안의 항구에 도착할 것입니다.

위기는 있으되 절망하지 않는 이유는 평안히 정박할 수 있는 안전한 항구가 있기 때문입니다.

소망은 현재의 좌절을 극복하는 힘이 됩니다.

소망은 기적을 낳습니다.

또한 인생을 종종 길을 걸어가는 나그네에 비유합니다.

어떤 길은 크고 넓고 평안한 대로이지만

어떤 길은 좁고 협착한 골짜기입니다.

대부분의 사람은 불안하고 위험한 골짜기를 걷는 대신

쉽고 편한 대로의 인생이길 원합니다.

그러나 길은 현재의 상태가 중요하지 않습니다.

지금 아무리 좋은 길일지라도 결국 낭떠러지로 인도하는 길이라면 그 길은 피해야 할 것이며, 반대로 지금 걷고 있는 길이 아무리 힘들고 어려워도 그 길의 종착지가 원하는 목적지로 인도한다면 지나갈 수 있는 참된 소망이 있습니다.

길은 끝이 중요합니다.

예수님은 길이십니다.

"내가 곧 길이요"(요 14:6)

그런데 예수님이 인도하시는 길은 좁고 협착한 길입니다.

이 땅에서 사는 동안 베풀어야 하고 용서해야 하고 억울해도 참아야 하기 때문에 비록 골짜기같이 험하고 좁은 길이어서 찾는 사람이 적지만 그 길의 끝은 생명의 목적지입니다.

또한 성령 충만하면 그 길이 좁되 오히려 기쁨의 길이 됩니다.

반면에 많은 사람들이 걷고 있는 넓고 큰길은 잠시 사는 세상 동안의 길이 즐거울지 몰라도 결국 멸망으로 끝나는 절벽 길입니다.

"좁은 문으로 들어가라 멸망으로 인도하는 문은 크고 그 길이 넓어 그리로 들어가는 자가 많고 생명으로 인도하는 문은 좁고 길이 협착하여

찾는 자가 적음이라"(마 7:13-14)

　현재의 길 상태가 고난의 아골 골짜기여서 포기하고 싶을 정도로 힘겨운 여정이지만 그 길의 끝은 소망의 문으로 인도합니다.

　"아골 골짜기로 소망의 문을 삼아 주리니"(호 2:15)

　길의 끝에 소망을 두면 현재의 험난한 인생의 길은 즐길 수 있습니다.

　나그네 인생길은 정처 없이 떠돌아다니는 것이 아니라 반드시 도착할 내 집이 기다리고 있습니다.

　우리에게는 돌아갈 고향집이 있기 때문입니다.

　그래서 우리는 이렇게 찬송하며 고된 인생길을 힘차게 걷습니다.

　"괴로운 인생길 가는 동안 평안히 쉴 곳이 아주 없네

　걱정과 고생이 어디는 없으리 돌아갈 내 고향 하늘나라

　광야에 찬바람 불더라도 앞으로 남은 길 멀지 않네

이만하면 잘했지요?

산 넘어 눈보라 세차게 불어도 돌아갈 내 고향 하늘나라"(새 찬송가 479장)

평안히 쉴 수 있는 돌아갈 집이 있는 사람에게는 잠시 바깥의 추위와 눈보라는 문제가 안됩니다.

어차피 집 밖에서의 삶이 고되더라도 영원하지 않고 곧 집에 들어가 휴식할 수 있기 때문입니다.

그래서 천상병 시인은 '귀천'에서 인생을 소풍으로 여겼는지도 모릅니다.

"나 하늘로 돌아가리라

새벽빛 와 닿으면 스러지는

이슬 더불어 손에 손을 잡고

나 하늘로 돌아가리라

노을빛 함께 단둘이서

기슭에서 살다가 구름 손짓하면은

나 하늘로 돌아가리라

아름다운 이 세상 소풍 끝내는 날

가서 아름다웠더라고 말하리라."

고난의 인생을 즐거운 소풍으로 만드는 힘은 소망입니다.

소망은 모든 어려움을 이겨내는 에너지가 됩니다.

소망은 현재의 고난에 집중하지 않고 미래의 즐거움을 꿈꾸게 하기 때문입니다.

그래서 소망을 품으며 꿈과 비전이 있는 사람은 넘어져도 또 일어날 수 있습니다.

소망은 믿음을 더욱 공고하게 해줍니다.

"믿음은 바라는 것들의 실상이요 보이지 않는 것들의 증거니"(히 11:1)

미래에 펼쳐질 궁극적인 해피 엔딩의 결과를 확신하기에 현실의 고난을 능히 이겨냅니다.

그래서 소망은 현재의 난제를 극복하는 능력이 됩니다.

불만족스러운 현재의 상태를 소망을 품은 자들은 웃으며 이겨냅니다.

성경은 우리에게 현재의 많은 제약이 있어도 소망을 잃지 말 것을 조언합니다.

"갇혀 있으나 소망을 품은 자들아"(슥 9:12)

이만하면 잘했지요?

본문의 정확한 번역은 '소망의 죄수들아'입니다.

여러 한계와 고난 속에 갇혀있는 몸이지만 소망을 잃지 말아야 합니다.

요셉은 감옥에 갇혀있으면서도 좌절하지 않았습니다.

비록 현실은 차디찬 감옥에서 감금생활에 갇혀 있지만 하나님과 동행하며 미래의 소망을 품었기에 성실하고도 즐겁게 감옥생활을 이겨냅니다.

결국 요셉은 국무총리가 되는 기적을 맛봅니다.

요셉의 현실은 감옥이지만 미래의 꿈은 궁전임을 믿었습니다.

다윗은 사울 왕을 피해 다니며 10년 넘게 광야에서 떠돌이 생활을 했으나 절망하지 않았습니다.

다윗의 현실은 광야이지만 그의 눈은 백향목 궁전을 꿈꾸었기 때문입니다.

결국 다윗은 왕이 되는 기적의 사람이 됩니다.

히스기야는 죽을병에 걸렸으나 좌절하지 않고 간절히 기도합니다.

히스기야의 현실은 질병에 걸린 몸이나 그의 눈은 건강한 15년을 보았기 때문입니다.

더 나아가 소망은 건강과 질병을 좌우하기도 합니다.

현대 21세기는 불안한 감성의 시대입니다.

기독교인을 비롯한 현대인들은 부정적 감정과 스트레스에 노출되어 있습니다.

우리나라 사람들이 가장 많이 사용하는 외래어 1위가 스트레스라고 합니다.

스트레스는 물리학 용어인 '스트링어'에서 기원했는데 '팽팽히 죄다, 긴장'이란 뜻입니다.

스트레스는 사람으로 하여금 신경질적이고, 우울하게 하며, 쉽게 피로해 하고, 끊임없이 불안하고 초조하게 하고, 사소한 일에도 화를 내고, 자신감을 떨어뜨리고, 불면증에 시달리게 하고, 집중력이 약화 되어 주의가 산만하게 하고, 무언가 쫓기듯이 불안해하고, 정신이 개운하지 않고, 두통과 메스꺼움을 유발하고, 매사에 부정적이고 분노와 질병을 유발하게 합니다.

스트레스가 없는 사람은 없습니다.

문제는 스트레스를 어떻게 대응하느냐 입니다.

지속적으로 불안해하고 우울해 하면 나쁜 스트레스가 되어 좋지 않은 호르몬을 우리 몸에 배출합니다.

나쁜 스트레스는 노르아드레날린을 생성하는데 긴장과 소

화불량, 불면증 같은 질병으로 연결됩니다.

반면에 스트레스를 적절히 대응하여 긍정적이고 낙관적인 생각을 품으면 좋은 스트레스가 되어 몸에 좋은 호르몬이 분비됩니다.

기쁨과 사랑이 넘치면 도파민을 생성하여 행복감을 느끼게 하며, 세로토닌은 행복과 평화를 느끼게 하고, 엔돌핀은 통증이 사라지고 고통을 없애주며, 다이돌핀은 엔돌핀의 4,000배인데 감동을 받거나 큰 깨달음을 얻을 때 분비됩니다.

이러한 호르몬은 당연히 몸도 건강하게 만들어 줍니다.

그러나 믿는 자에게는 다이돌핀의 몇만 배 되는 에너지가 우리 안에 있습니다.

바로 성령님이십니다.

성도는 성령님과 교통하며 우리 안에서 역사하시는 성령님을 믿고 어려움을 이겨냅니다.

성령님을 뜻하는 영어는 'Holy Spirit'과 'Holy Ghost'가 있습니다.

'Ghost'가 유령을 연상하는 거북한 이미지로 인해 성령님을 주로 'Holy Spirit'으로 표현하지 'Holy Ghost'는 잘 사용하지 않습니다.

'Ghost'는 앵글로색슨어로 gast, gust와 같은 어원을 가집니다.

특히 gust는 돌풍을 의미합니다.

성령님은 돌풍 같은 힘이요 바람입니다.

내 안에 성령님은 돌풍 같은 하나님의 신비스러운 신바람을 일으키셔서 뜨거운 열정으로 무엇이든지 할 수 있게 하십니다.

인생이 바다의 풍랑이든지, 광야의 거친 바람이든지, 좁고 위험한 계곡 골짜기이든지 소망을 품고 성령님의 돌풍으로 헤쳐 나가면 어떤 시험을 만나든지 이겨내지 못할 것은 없습니다.

육신이 아프면 밥맛이 없어지고 무기력해지며 약을 찾고 병원을 찾아가려 하듯이 영혼이 아프면 말씀의 맛이 떨어져 설교가 재미없고 말씀도 읽히지 않고 기도도 하지 않습니다.

게다가 영적인 활동도 무기력해져서 교회 봉사와 헌신이 짜증 나고 교회에서의 대인관계에 파열음을 일으킵니다.

영혼이 아프면 영적 병원에 가서 의사이신 예수님을 만나야 합니다.

영혼이 병들면 성령님은 소멸해가고, 소망은 사라져서 인생의 고통의 바다 위를 헤맬 수밖에 없습니다.

다시 한 번 힘을 내어 하나님으로부터 새 힘을 받아 독수리 날개 치듯이 올라가야 합니다.

인생에 너무 지친 나머지 성령님의 도우심을 잊고 소망을 잃어버린 성도여!

갇혀있으나 소망을 품고 저 본향을 향하여 웃으며 나아갑시다.

소망이 있는 한 우리의 인생은 더이상 고통의 바다가 아닙니다.

이제는 인생이 소풍입니다.

모든 일에 자족하고 즐거운 인생, 재미있는 인생을 마치고 집으로 귀가합시다.

인생은 신나는 꾸짖음이다

기도의 종류는 다양합니다.

간구기도, 중보기도, 회개기도, 감사기도, 통성기도, 금식기도, 방언기도…….

그러나 앞에 나열한 기도와는 성격이 다른 독특한 기도가 있습니다.

바로 위임기도 내지는 명령기도입니다.

대개의 기도는 원하는 바를 하나님께 직접 탄원하거나 간구하는 형식이지만 위임기도는 하나님께서 우리에게 주신 위임받은 권위와 능력으로 기도자가 하나님이 아닌 우리가 특정한 대상에게 선포하는 형식을 취합니다.

투박하게 설명하자면 하나님께 드리는 기도는 우리가 부탁

하고 사정하는 기도이지만, 위임기도는 우리가 권위를 가지고 특정 대상에게 요구하고 지시하는 기도입니다.

예수님은 자주 다양한 대상을 향하여 명령과 선포를 행하셨습니다.

"사탄아 물러가라"(마 4:10)

"일어나 네 침상을 가지고 집으로 가라"(마 9:6)

"더러운 귀신아 그 사람에게서 나오라"(막 5:8)

"내게 네게 말하노니 소녀야 일어나라"(막 5:41)

"청년아 내가 네게 말하노니 일어나라"(눅 7:14)

"나를 따르라"(요 1:43)

"가라 네 아들이 살아 있다"(요 4:50)

"나사로야 나오라"(요 11:43)

예수님의 말씀의 권위와 능력에 듣는 대상들은 그대로 순종합니다.

예수님은 하나님이시기에 세상의 모든 것을 지배하는 권세가 있습니다.

때로는 예수님은 명령이 아닌 책망을 하기도 하십니다.

"예수께서 이르시되 어찌하여 무서워하느냐 믿음이 작은 자들아 하시고 곧 일어나사 **바람과 바다를 꾸짖으시니** 아주 잔잔하게 되거늘"(마 8:26)

본문의 '꾸짖다'는 헬라어 '에피티마오'인데 '야단치다, 질책하다, 혼내다'는 뜻입니다.

바람과 바다를 마치 생물에게 야단치듯이 호통 치십니다.

예수님은 질병도 꾸짖자 알아듣고 순종하여 물러갑니다.

"예수께서 가까이 서서 **열병을 꾸짖으신대** 병이 떠나고 여자가 곧 일어나 그들에게 수종드니라"(눅 4:39)

그뿐 아니라 귀신도 명령하여 꾸짖습니다.

"예수께서 무리가 달려와 모이는 것을 보시고 그 **더러운 귀신을 꾸짖어** 이르시되 말 못하고 못 듣는 귀신아 내가 네게 **명하노니** 그 아이에게서 나오고 다시 들어가지 말라 하시매"(막 9:25)

예수님은 환경, 질병, 악한 영의 공격을 꾸짖고 명령하심으로 해결하셨습니다.

위의 세 가지 꾸짖음의 예는 예수님이 교훈하시기를 원하시는 의도가 있습니다.

인생에 불어 닥치는 바다와 바람처럼 환경적인 역경이 다가올 수 있습니다.

다양한 질병이 시시때때로 우리를 괴롭힙니다.

보이지 않는 악한 영의 공격이 우리를 괴롭힙니다.

이러한 공격에 하나님께 도움을 요청하는 탄원의 기도도 있지만 신약시대에는 다른 형태의 기도, 즉 우리의 꾸짖음으로 물리칠 수 있다는 것입니다.

왜냐하면 예수님의 권위와 능력이 믿는 자의 말에 위임되었기 때문입니다.

예수님의 보혈로 모든 저주를 스스로 짊어지셨기에 십자가의 승리로 더이상 저주는 우리에게 다가오지 못합니다.

또한 예수의 영이신 성령님이 우리 안에 거하시고 능력으로 함께하시기에 물리칠 수 있는 권세가 우리에게 임했습니다.

이제 예수님의 이름은 승리의 무기가 됩니다.

"내 이름으로 무엇이든지 내게 구하면 내가 행하리라"(요 14:14)

믿음으로 예수님의 이름에 의지하여 기도하면 무엇이든지 그대로 됩니다.

"그러므로 내가 너희에게 말하노니 무엇이든지 기도하고 구하는 것은 받은 줄로 믿으라 그리하면 너희에게 그대로 되리라"(막 11:24)

결정적으로 신약시대, 즉 교회에는 놀라운 권세가 위임되었습니다.

"또 내가 네게 이르노니 너는 베드로라 내가 이 반석 위에 내 교회를 세우리니 **음부의 권세**가 이기지 못하리라 내가 **천국 열쇠**를 네게 주리니 네가 땅에서 무엇이든지 매면 하늘에서도 매일 것이요 네가 땅에서 무엇이든지 풀면 하늘에서도 풀리리라 하시고"(마 16:18-19)

본문에서 사용된 '음부'는 헬라어 '하데스'로 '지옥, 죽음, 마귀'를 의미하며
'권세'는 헬라어로 '필레'로 '대문, 입구'를 의미합니다.

또한 '천국 열쇠'는 단수가 아닌 복수입니다.

정확히 '천국 열쇠들'로 번역해야 합니다.

지옥문을 닫는 열쇠와 천국 문을 여는 열쇠가 있어서 지옥문은 닫게 하고 천국 문은 열게 하는 두 개의 열쇠의 능력이 교회에 위임되었다는 것입니다.

믿는 자에게 위임된 열쇠를 가지고 우리는 직접 명령할 수 있는 능력이 주어진 것입니다.

사도행전은 교회 시대를 알리는 성령 행전입니다.

오순절 성령강림 이후 내 안에 임하신 성령님의 능력을 예수님의 이름으로 믿음으로 명령하고 선포하는 폭발적인 새 시대의 서막을 알립니다.

베드로는 예수님께 위임받은 권세로 마음껏 명령하고 선포합니다.

"나사렛 예수 그리스도의 이름으로 일어나 걸으라"(행 3:6)

"애니아야 예수 그리스도께서 너를 낫게 하시니 일어나 네 자리를 정돈하라 한 대 곧 일어나니"(행 9:34)

"다비다야 일어나라 하니 그가 눈을 떠 베드로를 보고 일어나 앉는지라"(행 9:40)

사도 바울도 마찬가지입니다.

"예수 그리스도의 이름으로 내가 네게 명하노니 그에게서 나오라"(행 16:18)

오늘날 교회가 잊고 있는 명령기도의 무기를 꺼내어 이제는 사용할 때가 되었습니다.

음부의 권세가 넘보지 못하는 교회에 위임받은 권세에 내 안에 역사하시는 성령님의 능력에 힘입어 예수님의 이름으로 명령하고 선포할 때 내 말은 능력이 되고 내 기도는 기적을 일으킵니다.

얼마나 신나는 일입니까?

기적을 일으키는 믿음의 고백과 명령기도는 예수님과 베드로, 바울에게만 나타나는 것이 아니라 오늘날도 일어나는 능력입니다.

성경을 읽다 보면 현대교회가 간과하는 한 가지 사역이 있습니다.

바로 축사(逐邪)라고 불리는 귀신을 쫓아내는 기도입니다.

복음서와 사도행전의 초대교회를 살펴보면 대표적인 표적

의 증거가 귀신을 쫓아내고 병을 고치는 것입니다.

실제로 예수님은 제자들에게 귀신을 제어하는 능력을 주셨습니다.

"열두 제자를 부르사 둘씩 둘씩 보내시며 더러운 귀신을 제어하는 권능을 주시고"(막 6:7)

또한 믿는 자들에게는 귀신을 쫓아내는 표적이 일어난다고 하셨습니다.

"믿는 자들에게는 이런 표적이 따르리니 곧 그들이 내 이름으로 귀신을 쫓아내며 새 방언을 말하며"(막 16:17)

하나님의 나라는 귀신을 쫓아내는 것으로 알 수 있다고 하셨습니다.

"그러나 내가 만일 하나님의 손을 힘입어 귀신을 쫓아낸다면 하나님의 나라가 이미 너희에게 임하였느니라"(눅 11:20)

예수님 당시뿐 아니라 초대교회는 귀신을 쫓아내는 축사 의식이 전도의 중요한 방식이었습니다.

그리고 초대교회 이후 수백 년 동안 축사 기도문이 많이 사용되기도 했습니다.

마이클 하퍼는 초창기 고대 교회들이 사용한 축사 기도문을 소개했습니다.

로마의 축사 기도문은 "더러운 영아, 그에게로부터 떠나라. 그리고 성령에게 네 자리를 내어주라. 더러운 영아, 나는 성부 성자 성령의 이름으로 너를 쫓아내노니, 너는 이 하나님의 종으로부터 나오고 떠나라."

에드워드 4세의 제 1기도서는 "나는 성부와 성자와 성령의 이름으로 너 더러운 귀신에게 명하노니, 너는 이 유아들로부터 나와서 떠나라. 그들은 우리 주 예수 그리스도께서 친히 당신의 거룩한 세례로 부르신 자들이다."

7세기경의 동방시리아 기도문에는 "악한 영아, 나는 전능하신 성부 하나님과 그 아들 예수 그리스도와 보혜사 성령을 통해서 너에게 명하노니 너는 이제 그분의 능력을 보고서 네가 포로로 삼았던 이 사람에게서 떠나라."

성경에서는 보이지 않는 배후에 악하고 더러운 영, 귀신의 역사를 분명히 언급합니다.

우리는 사탄과 그의 부하들인 귀신과의 영적 싸움을 해야 하는 십자가의 군병입니다.

귀신은 통치자, 권세, 어둠의 세상 주관자, 하늘의 악한 영이라는 다양한 이름으로 존재합니다.

"우리의 씨름은 혈과 육을 상대하는 것이 아니요 통치자들과 권세들과 이 어둠의 세상 주관자들과 하늘에 있는 악의 영들을 상대함이라"(엡 6:12)

지금 이 시간에도 치열하게 영적 전투는 일어나고 있습니다.

프랭크 하몬드의 '안방 속의 돼지 떼들'이라는 책에서 귀신의 기능적인 이름을 53가지로 분류합니다.

자살과 살인을 충동하는 죽음의 영, 폭력을 조장하는 파괴의 영, 분노와 증오의 격노의 영, 공포와 고통의 두려움의 영, 원한, 증오의 보복의 영, 비난, 트집의 비난의 영, 시기, 의심의 질투의 영, 염려, 걱정의 근심의 영, 신경과민의 영, 편집증의 영, 교만의 영, 탐욕의 영, 이단의 영, 거짓 종교의 영 등을 나열합니다.

아무래도 귀신의 역사는 사람의 생각이나 정서에 큰 영향을 미칩니다.

오늘날과 같이 감성의 시대에는 부정적인 감정과 스트레스 등으로 고통을 겪는 사람들이 의외로 많습니다.

우리의 생각과 심리적인 정서에 미치는 귀신의 역할을 고려하면 영적 전투를 무시할 수는 없습니다.

문제는 현대교회에서 이러한 축사 의식을 간과하고 있다는 것입니다.

현대의 과학주의는 이러한 귀신의 역사를 축소 시키거나 무시하고 있습니다.

물론 많은 사이비종교와 이단들의 비성경적인 축사의 왜곡이 교회 안에 귀신을 다루는 것을 금기시하게 한 원인이기도 합니다.

그러나 분명한 것은 사탄과 귀신의 대적들의 수많은 공격이 있는 것은 영적 세계에서 사실이고 믿는 자에게는 귀신을 쫓아낼 수 있는 능력이 있음을 믿을 때 우리는 자주 축사를 행하여야 합니다.

우리가 알지 못하는 영적 배후에 경계를 늦추어서는 안 됩니다.

다시 한 번 우리에게 권위와 능력의 위임기도가 있음을 자각하고 창고에 썩혀 두었던 엄청난 화력의 무기를 사용할 때가 되었습니다.

이제 믿는 자에게는 놀라운 말의 권세, 교회의 능력, 기도의 무기를 권세 있게 사용합시다.

기도는 무기입니다.

불경기의 늪 같은 재정적인 고통, 끊이지 않는 사건과 사고의 위협, 환경적인 어려움, 많은 질병들의 공격, 스트레스와 부정적인 감정으로 인한 귀신의 역습을 맞이하여 주님이 주신 권세를 가지고 예수님의 이름으로 신나게 명령하고 선포하고 꾸짖으십시오.

기도는 미사일 같은 엄청난 무기입니다.

너 경제적 궁핍과 물질의 어려움아

너 질병과 바이러스야

너 스트레스야, 우울증아

예수님의 이름으로 명령하노니 떠날지어다.

예수님의 이름으로 꾸짖으니 당장 사라질지어다.

물질회복의 축복, 질병 치유, 귀신 쫓아냄의 간증이 왜 다른 사람에게만 적용되어야 합니까?

여러분도 놀라운 권세를 적극적으로 사용하여 신나는 인생을 사십시오.

믿음으로 고백하고 신나게 명령하고 꾸짖고 배후에 역사하는 악한 영을 내쫓으십시다.

각자 개인의 창고에 썩히고 있던 위력적인 기도의 무기를 꺼내 들고 장전하여 사용합시다.

아멘.

나가는 글

아버지 하나님!

이제 나이 지천명을 지나 인생의 후반전에 들어서 보니 지나간 인생을 조용히 회고하게 됩니다.

지난 인생을 되돌아보면 부끄러움과 후회밖에 없습니다.

도저히 하나님 앞에 당당히 나설 수가 없습니다.

나름 한다고 발버둥 쳐보았지만 쌓이는 것은 실수와 죄 그리고 허물밖에 없습니다.

또 하나님과 사람 앞에 그리고 내 자신에게 내놓을 만한 자랑거리나 결과물도 없는 변변찮은 삶이기도 합니다.

인생은 내 뜻대로 흘러가도록 허락하지는 않는 것 같습니다.

꿈은 원대한 포부를 가지고 하나님과 사람 앞에 인정받는 삶을 그렸지만 현실은 그저 초라합니다.

그래도 위로가 되는 것이 하나 있습니다.

하나님은 마음을 아시는 분이라는 사실입니다.

"아버지 하나님! 제 마음을 아시지요?"

비록 수많은 실수와 실패, 부덕과 죄, 그리고 허물로 점철된 인생이나 아버지를 너무나 사랑하여 뭐든 하려고 했던 제 삶 말입니다.

부족하나마 어린 사무엘처럼 주의 전에서 밤을 지새우며 고사리 손으로 기도했던 어린 시절의 일들과 베드로와 바울을 흉내 내며 많은 아이들을 주님께 인도하기 위해 애쓰며 패기로 일했던 젊은 시절의 일들과 아브라함과 모세의 본을 따라 모든 것을 포기하고 다시 주님께 돌아와 주의 종의 길에 들어서서 수많은 밤을 말씀과 기도로 지냈던 중년 시절의 일들을 떠올려봅니다.

아버지 하나님은 은혜롭고 자비로우사 죄와 허물은 망각하시되 충성과 헌신은 기억하시는 분이심을 알고 감사합니다.

지나간 저의 실패, 실수, 죄와 악행은 도말하시고 저의 마음만 받아주시기를 바랄 뿐입니다.

아직 끝나지 않은 천로역정의 과정에서 앞으로도 닥칠 고난과 역경에 담대히 맞서 이겨나가기 위해 아버지께 위로와 힘을 받고 싶어 이렇게 투정해봅니다.

아버지!

부족하지만 저 많이 노력했지요.

이만하면 저 잘했지요.

저 정말 힘들었거든요, 아버지.